»Wohl geh ich täglich andere Pfade«
FRIEDRICH HÖLDERLIN
und seine Orte

Ermunterung.

Echo des Himmels! heiliges Herz! warum,
Warum verstummst du unter den Lebenden
Und schläfst, von den Götterlosen
Ewig hinab in die Nacht verwiesen?

Fühlst du, wie sonst, die Mutter, die Erde, die
Blühn dir am hellen Äther die Freuen nicht
Und übt das Recht nicht überall der
Reiche und die Liebe, nicht jetzt und ...

Was du nicht mehr? Doch nahen die Himmlischen
Und stillbildend walten, wie ...
In Ossian der Natur um uns, die
Allerschütternde, ...

Ingrid Dolde und Eva Ehrenfeld (Hg.)

»Wohl geh ich täglich andere Pfade«
FRIEDRICH HÖLDERLIN
und seine Orte

belser

INHALT

So komm! dass wir das Offene schauen,
dass ein Eigenes wir suchen, so weit es auch ist.

aus: Brot und Wein

Friedrich Hölderlin war ein Wanderer – in der ersten Hälfte seines Lebens von Ort zu Ort, in der zweiten auf- und abgehend im Turm und am Ufer des Neckars in Tübingen.

Dieses Buch stellt die dreizehn Orte vor, in denen er kürzer oder länger wohnte und erzählt, was er dort während seiner ein- oder mehrmaligen Aufenthalte erlebte. Es werden die Häuser, Straßen und Plätze beschrieben und abgebildet, wo er sich aufgehalten hat und weitere Gedenkstätten und Einrichtungen genannt, die sich auf Hölderlin beziehen. Hinweise auf Texte, die an den jeweiligen Orten entstanden sind oder bearbeitet wurden und Briefzitate aus der Zeit seiner Aufenthalte, die sein Innerstes widerspiegeln, runden den biografischen Hintergrund ab.
Dem Dichter nachgehen – das ist mit diesem Buch in der Hand möglich.

Schon lange war es ein Wunsch der Hölderlinstädte Lauffen am Neckar und Nürtingen, eine Zusammenschau der Hölderlin-Orte auf den Weg zu bringen. Diese Initiative fand ein positives Echo und die Bereitschaft zur Mitarbeit. So entstand ein neues Band der Verbundenheit zwischen den Hölderlin-Orten. Wir danken unseren Unterstützern und allen, die zu den Texten beigetragen haben.
Dieses Buch ist gleichzeitig Begleitband einer Ausstellung mit demselben Titel, die im Lauf der nächsten Jahre durch Hölderlins Orte wandern wird.

Ein Aspekt ist in der Rezeptionsgeschichte Friedrich Hölderlins von Anfang bis heute bedeutend: Es sind vorrangig Dichterkollegen, die seine Dichtung als große Kunst für sich entdeckten und immer noch entdecken und das weltweit, „Dichter der Dichter" wird er deshalb genannt. Hugo von Hofmannsthal schrieb 1923: „Merkwürdig genug ist es aber zu denken, dass besonders die Strophen seiner letzten, vom Wahnsinn schon beschatteten produktiven Jahre, die jahrzehntelang für schlechthin unverständlich galten, jetzt wirklich verstanden werden, und zwar nicht von Einzelnen, sondern von Vielen." Und Martin Walser sagte 1996: „Ihm gegenüber selbst das Wort zu ergreifen, das fällt schwer. Er hat ja nicht, wie Goethe, zum leichteren gesellschaftlichen Gebrauch unabhängigen Sinn in regelmäßige Hebungen und Senkungen verwandelt, Hölderlin hat, muss man wohl sagen, gedichtet."

Hölderlins Texte werden immer wieder neu interpretiert, seine Biografie immer wieder neu durchleuchtet. Sein Werk spricht bis heute eine besondere Sprache, die Wanderschaft durch die Jahrzehnte ist nach wie vor nicht abgeschlossen.

Ingrid Dolde
Eva Ehrenfeld

LAUFFEN AM NECKAR

»... dass die Menschen nach meinem Geburtsort und meiner Mutter fragen ...« September 1799

Die Stadt Lauffen am Neckar beeindruckt durch ihre Lage an beiden Ufern des Flusses mit der historischen Altstadt auf der einen, der Rathausinsel in der Flussmitte und der imposanten Regiswindiskirche hoch auf einem Felsen auf der anderen Uferseite. Die etwa 11 000 Einwohner verteilen sich auf drei Ortsteile: die *Stadt* rechts des Flusses, das *Dorf* links des Flusses und das *Dörfle* an der Zaber, die, vom Zabergäu kommend, hier in den Neckar mündet. An diesem Flüsschen befindet sich das ehemalige Klosterareal, wo

Friedrich Hölderlin am 20. März 1770 geboren wurde. Er lebte nur viereinhalb Jahre in Lauffen; sein Vater starb, als er zwei Jahre alt war und seine Mutter mit dem dritten Kind schwanger. 1774 heiratete die Mutter den Schreiber Gock aus Nordheim, einen Freund der Familie.

> *In deinen Tälern wachte mein Herz mir auf*
> *Zum Leben, deine Wellen umspielten mich,*
> *Und all der holden Hügel, die dich*
> *Wanderer! kennen, ist keiner fremd mir.*
>
> *Auf ihren Gipfeln löste des Himmels Luft*
> *Mir oft der Knechtschaft Schmerzen; und aus dem Tal,*
> *Wie Leben aus dem Freudebecher,*
> *Glänzte die bläuliche Silberwelle.*
>
> ...
>
> aus: Der Neckar, Juni 1800

Drei markante Punkte sind auf einer Strecke von wenigen Metern zu sehen. In der Mitte des Kreisverkehrs befindet sich ein mehrteiliges Kunstwerk von Peter Lenk mit Figuren zu Hölderlins Leben und Werk, ein paar Schritte weiter eine im Jahr 1923 gestaltete Gedenkstätte mit einem Reliefporträt Hölderlins und wieder ein paar Schritte weiter das Haus der Familie, das nach langjährigem Privatbesitz von der Stadt Lauffen übernommen werden konnte, nachdem lange unbekannt war, dass dieses Haus der Hölderlins nach wie vor erhalten ist.

2003 wurde das dreidimensionale Werk von Peter Lenk enthüllt. Auf einem metallenen H mit einer querliegenden Feder sind Figuren aus Hölderlins Zeit und Werk in einer filigranen Balance angebracht. Jede dieser Figuren bezieht sich auf einen Aspekt der Person Hölderlins oder seines Werks: auf seine politischen Ansichten, seinen literarischen Ehrgeiz und seine ungewöhnliche Dichtkunst, sein idealisierendes Frauenbild und die glücklich-unglückliche Liebe zu

Susette Gontard, seine mythologisch-religiösen Gedankengänge in seinen späten Texten. Die Figur des erwachsenen Hölderlin zeigt seine Abkehr von den Schauplätzen seines Lebens, das In-sich-Kehren, das schließlich in seinen so genannten Wahnsinn mündete.

Am 20. März 1870 trafen sich zahlreiche Verehrer und Würdenträger zu einer Gedenkfeier anlässlich Hölderlins 100. Geburtstag, unter anderen Friedrich Theodor Vischer aus Stuttgart, der Schriftsteller Victor von Scheffel aus Karlsruhe und Delegationen aus Frankfurt und Homburg vor der Höhe. Christoph Theodor Schwab, der 1846 eine Sammlung von Gedichten Hölderlins veröffentlicht hatte, regte an, dem Dichter „ein bescheidenes Mal der Dankbarkeit und Verehrung" zu stiften. Der Bildhauer Ernst Rau schuf ein Porträtrelief und der renommierte Stuttgarter Zinngießer Wilhelm Pelargus goss die bronzierte Zinktafel. Am 1. Mai 1873 wurde sie im Rahmen einer Feier über der Tür des Klosteramtshauses angebracht.

Auf der Feder, quer z␣
einem von metallene␣
Streben gebildeten „␣
für „Hölderlin" das K␣
und der erwachsene␣
Hölderlin, obenauf␣
Herzog Carl Eugen m␣
dem württembergischen Symboltier, de␣
Hirsch, in der Mitte
Schiller und Goethe ␣
Doppelfigur, Diotima
aus dem Roman
Hyperion und Friedric␣
Nietzsche.

...8 ließ der damalige
...itzer das Amts-
...s zugunsten eines
...baus abbrechen.
Öffentlichkeit
...gierte entrüstet.
... Reliefporträt
...derlins wurde nach
...n Abbruch des
...tshauses 1918 in
...Halbrund aus Sand-
...n eingefügt, ergänzt
...ch Zeilen aus dem
...dicht *Der Wanderer*,
...assung.

. . .

Seliges Land! kein Hügel in dir wächst ohne den Weinstock,
Nieder ins schwellende Gras regnet im Herbste das Obst.
Fröhlich baden im Strome den Fuß die glühenden Berge,
Kränze von Zweigen und Moos kühlen ihr sonniges Haupt.

. . .

aus: Der Wanderer, 1. Fassung, Juni 1797

Im 13. Jahrhundert gegründet, beherbergte das Lauffener
Kloster zunächst Dominikanerinnen, später Prämonstraten-
serinnen. Nach der Einführung der Reformation wurde es
in den Besitz Herzog Ulrichs übergeführt, um als landwirt-
schaftliches Gut Erträge zu erwirtschaften.

Zur Verwaltung des herzoglichen Klosterguts wurden
Klosterhofmeister eingesetzt. Der Großvater von Friedrich
Hölderlin, Friedrich Jakob, wurde als 27-Jähriger im Jahr
1730 als Verwalter bestellt und gab das Amt 1762 an seinen
Sohn Heinrich Friedrich weiter. 1870 wurde das Areal in
private Hände verkauft, die aufeinanderfolgenden drei
Besitzer gestalteten es nach den je eigenen Wünschen; außer
dem ehemaligen Amtshaus und der Südmauer der Klosterkirche wurden alle Gebäude abgerissen. 1923 wurde auf dem

Grundriss der ehemaligen Kirche aus den noch vorhandenen historischen Steinen ein Versammlungs- und Turnraum errichtet. Ab 1984 war das Museum der Stadt dort untergebracht. Das Gebäude wird heute für Ausstellungen und Veranstaltungen genutzt.

Die Mutter des Dichters, Johanna Christiana Heyn, wurde 1748 in Frauenzimmern geboren und wuchs in Cleebronn auf, ihr Vater war dort Pfarrer. Kurz vor ihrem 18. Geburtstag heiratete sie 1766 den Klosterverwalter von Lauffen, Heinrich Friedrich Hölderlin. Beide zählten zur württembergischen Ehrbarkeit, der standesbewussten gehobenen Bürgerschicht, der vor allem Pfarrer und höhere Beamte angehörten. Erst vier Jahre nach der Hochzeit wurde das erste Kind geboren, Johann Christian Friedrich Hölderlin. In den Kirchenbüchern der Regiswindiskirche ist seine Taufe

mit neun Taufpaten am 20. März, seinem Geburtstag, eingetragen. 1771 wurde die Schwester Johanna Christiana Friderica geboren, die im Alter von fünf Jahren starb, 1772 die zweite Schwester Maria Eleonora Heinrica. Bei beiden überlebenden Kindern wurde der dritte Vorname der gebräuchliche: Friedrich und Heinrike. Der Vater starb überraschend an einem Schlaganfall noch

vor der Geburt des dritten Kindes. Die so unerwartet verwitwete junge Mutter siedelte in das Privathaus der Familie über. Zwei Jahre später heiratete sie den aus Nordheim stammenden Schreiber und Weinhändler Johann Christoph Gock, der mit der Familie bereits bekannt war, und sie zogen 1774 nach Nürtingen.

Der offizielle Wohnsitz des Klosterverwalters war das Amtshaus. Wenn der Herzog mit seinem Gefolge nach Lauffen kam, musste ihm dieses zur Verfügung gestellt werden, deshalb hatte die Familie Hölderlin zusätzlich ein privates Haus, über dessen Lage aber nichts bekannt war. Erst 1970 entdeckte der damalige Kreisarchivar Dr. Günter Cordes im Stadtarchiv Lauffen Kaufunterlagen über ein Haus, das der Großvater Hölderlins im Jahr 1743 erworben hatte und 1750 von Grund auf renovieren ließ. Bis auf wenige bauliche Veränderungen blieb das Haus, das wechselnde Besitzer hatte, bis heute erhalten und ist seit 2015 im Besitz der Stadt Lauffen.

Heute an einer verkehrsreichen Straße, war das Privathaus der Familie Hölderlin ursprünglich eingebettet in eine dörfliche Umgebung. Durch den Hof mit historischem Pflaster betritt man auch heute noch das ehemals einfache Bauernhaus, das vom Großvater des Dichters zu einem großbürgerlichen Barockgebäude umgebaut wurde. Die originale Treppe führt in die Räume der Familie, in denen Leben und Werk des Dichters in seinen Briefen und in zusätzlichen Informationen erfahrbar werden. Die Ausstellung zeigt den Menschen Hölderlin und würdigt seine innovative Gedichtkunst.

Ob die Mutter zur Zeit der Geburt im Amtshaus oder im Privathaus wohnte, ist nicht geklärt. Es gibt bisher keine Dokumente über eine Belegung des Amtshauses durch den Herzog und keine für den Aufenthalt im Wohnhaus. Hölderlin wurde am 20. März 1770 hier oder dort geboren. Da es keine weitere Verwandtschaft in Lauffen gab, endete mit dem Wegzug nach Nürtingen die Geschichte der Familie Hölderlin in der Neckarstadt. Durch verwandtschaftliche Beziehungen nach Cleebronn und Löchgau sind Einzelbesuche aber durchaus wahrscheinlich. So kam der Dichter als etwa 30-Jähriger in seinen Geburtsort, um das Grab seines Vaters zu besuchen. Das Grab des Vaters ist nicht erhalten.

...

Aber damit uns nicht, gleich Allzuklugen, entfliehe
  Diese neigende Zeit, komm' ich entgegen sogleich,
Bis an die Grenze des Lands, wo mir den lieben Geburtsort
  Und die Insel des Stroms blaues Gewässer umfließt.
Heilig ist mir der Ort, an beiden Ufern, der Fels auch,
  Der mit Garten und Haus grün aus den Wellen sich hebt.
Dort begegnen wir uns; o gütiges Licht, wo zuerst mich
  Deiner gefühlteren Strahlen mich einer betraf.
Dort begann und beginnt das liebe Leben von neuem;
  Aber des Vaters Grab seh' ich und weine dir schon?
Wein' und halt' und habe den Freund und höre das Wort, das
  Einst mir in himmlischer Kunst Leiden der Liebe geheilt.

...

aus: Stuttgart, erste Fassung, August 1801

Hölderlin hat immer wieder in seinen Texten frühe Erfahrungen von „Licht" und „Strahlen", die ihn trafen, thematisiert, auch der „Fluss" ist ein wiederkehrendes Motiv.
Das Lauffener Klosterareal mit der Zaber und der warmen Sonne eines Weinortes gehört mit zu diesen frühkindlichen Erinnerungen an die viereinhalb Lebensjahre im Ort seiner Geburt.

...

So schön ist's noch hienieden!
Auch unser Herz erfuhr
Das Leben und den Frieden
Der freundlichen Natur;
Noch blüht des Himmels Schöne,
Noch mischen brüderlich
In unsers Herzens Töne
Des Frühlings Laute sich.

Drum such' im stillsten Tale
Den düftereichsten Hain,
Und gieß' aus goldner Schale
Den frohen Opferwein,
Noch lächelt unveraltet
Das Bild der Erde dir,
Der Gott der Jugend waltet
Noch über dir und mir.

aus: Der Gott der Jugend, September 1795

NÜRTINGEN

»Setze mich ans Fenster, blicke gegen Morgen, meinem lieben Nürtingen zu.« November 1790

Nürtingen war zu Hölderlins Zeit eine Oberamtsstadt mit ungefähr 2500 Einwohnern. Damals wie heute verfügt Nürtingen über den Status einer bedeutenden Schulstadt: Die Lateinschule wurde 1481 gegründet, die erste Realschule Württembergs 1783. Die Kernstadt und die sechs Stadtteile zählen heute heute rund 41 000 Einwohner.
Friedrich Hölderlin war Nürtinger Bürger und da er zeit seines Lebens das Bürgerrecht besaß, verwahrt das Stadt-archiv aufschlussreiche Lebensdokumente.

Wie das Leben in der württembergischen Landstadt zur Zeit Hölderlins war, kann anhand der Überlieferungslage gut nachvollzogen werden. Hier finden sich die meisten noch sichtbaren authentischen Orte seines Lebens und Wirkens, zu denen auch die Landschaft gehört, die er schon früh erkundete.

...

Wenn sein Granatbaum reift, wenn aus grüner Nacht
Die Pomeranze blinkt und der Mastyxbaum
Von Harze träuft und Pauk' und Cymbel
Zum labyrinthischen Tanze klingen.

Zu euch, ihr Inseln! bringt mich vielleicht, zu euch
Mein Schutzgott einst; doch weicht mir aus treuem Sinn
Auch da mein Neckar nicht mit seinen
Lieblichen Wiesen und Uferweiden.

aus: Der Neckar, Juni 1800

Der Hölderlingarten in der Neckarstraße 13 liegt am viel befahrenen Neckartal-Radweg, der 366 Kilometer entlang des Neckars von Villingen-Schwenningen bis nach Mannheim führt. Unter dem Motto „Heimholung eines Dichters" entstand 1996 an der Freien Kunstakademie der Hölderlingarten mit Laubengang, Gedenkstein, Skulpturen und Brunnen. Der Jugendstilgarten der Villa Melchior wurde so zur Reminiszenz an den großen „Baum-, Gras- und Küchengarten" der Familie Hölderlin-Gock, in dem Friedrich Hölderlin „Stunden des Spiels und des Ruhelächelns" verbrachte. Das vor dem Neckartor am linken Neckarufer gelegene Grundstück und andere Äcker dienten der Selbstversorgung und wurden ebenso wie der Schweizerhof vom Stiefvater Christoph Gock erworben.

Der Hölderlingarten wurde 1996 gestaltet zur Erinnerung an ein für den jungen Friedri wichtigen Ort außerhalb der Stadtmauern Der zur Selbstversorgung von der Familie betriebene Garten vor dem Neckartor.

...

Und o! wie warm, wie hing ich so warm an euch
Gespielen meiner Einfalt, wie stürmten wir
In offner Feldschlacht, lehrten uns den
Strudel durchschwimmen, die Eich' ersteigen?

...

aus: Einst und jetzt, 1789

Rechte Seite unten: Das Hölderlin-Denkma am Neckarufer wurde 2017 aufgestellt, ermöglicht durch eine Initiative und Spender aus der Bevölkerung.

Der Zusammenfluss von Steinach und Neckar präsentiert sich noch fast wie vor Hunderten von Jahren. Von der Gestaltungskraft der Gewässer geprägt, verändern sich die angeschwemmten Schotter immer wieder, gefährliche Strudel machten das Schwimmen im Neckar zum Abenteuer. Die Fischer hatten hier ihre Boote vor dem Wehr, das schon seit dem 12. Jahrhundert nachgewiesen ist, und hier war auch die Landestelle für die über Jahrhunderte betriebene Flößerei. Ein lebendiger, aber nicht ungefährlicher Spielort für Kinder. „Guter Carl! – in jenen schönen Tagen saß ich einst mit dir am Neckarstrand. Fröhlich sahen wir die Welle an das Ufer schlagen, leiteten uns Bächlein durch den Sand."

nd du mit deinen opeln, geliebter om!" Ein Gedicht- in am Neckar trägt s Zitat aus dem dicht *Rückkehr in* *Heimat.*

Das Stadtmuseum in der Wörthstraße 1, einstiges Schützenhaus, liegt am Zusammenfluss von Steinach und Neckar. Präsentiert werden die Entwicklung der Stadt bis Anfang des 19. Jahrhunderts und die Handwerks- und Industriegeschichte im 19. und 20. Jahrhundert. Die literarische Abteilung *Hölderlin und Nürtingen* zeigt Familiendokumente, Auszüge aus der Pflegschaftsakte und literarische Zeugnisse zu Friedrich Hölderlin.

Die Nürtinger Lateinschule besaß im Land einen ausge-
zeichneten Ruf. In Württemberg galt ab 1649 eine allgemeine Schulpflicht. Die Jungen des einfachen Volks und
auch die Mädchen besuchten die Deutsche Schule. Die
Söhne der Oberschicht, der Ehrbarkeit, gingen in der Regel
in die Lateinschulen und Klosterschulen des Landes. Den
Abschluss dieser Schullaufbahn bildete das sogenannte
Landexamen, eine zentrale Prüfung, die in Stuttgart abgelegt
wurde. Es war ein gesellschaftliches Ereignis mit jährlich bis
zu 200 Schülern und eine Auslese der Besten, denn nur ein
kleiner Teil der Lateinschüler wurde in die Klosterschule
und an der Universität aufgenommen.
Friedrich Hölderlin besuchte die Lateinschule von 1775 bis
1784. Der zweite Pfarrer der Stadtkirche, Nathanael Köstlin,
unterrichtete ihn zusätzlich als Privatlehrer. Von 1783 bis
1786 erhielt auch Friedrich Wilhelm Joseph Schelling, ein
Neffe Köstlins, hier seine Ausbildung. Schelling, mit dem
Hölderlin später am Tübinger Stift zum Theologen ausge-
bildet wurde, erinnerte sich, dass *Fritz*, wie seine Freunde
Hölderlin nannten, ihn vor Misshandlungen der Mitschüler
schützte. Auch Hölderlins Stiefbruder Karl Gock war hier
Schüler.

Die Stadtkirche St. Laurentius hatte Hölderlin täglich vor Augen, lebte er doch in späteren Jahren im gegenüber-liegenden Breunlinschen Haus, heute Kirchstraße 17. Die dreischiffige Hallen-kirche datiert aus dem letzten Drittel des 15. Jahrhunderts. Das Dach des Kirchturms erinnert an Zeilen aus der Zeit im Tübinger Turm, die Hölderlin zugeschrieben werden: „In lieblicher Bläue blühet mit dem metallenen Dache der Kirchturm."

Am höchsten Punkt der Altstadt, der Stadtkirche gegenüber gelegen, stand bis 1765 das Schloss, über Jahrhunderte Sitz der herzoglichen Witwen. Als Hölderlin hierher zog, waren nur noch die Ruinen des Schlosses vorhanden sowie der von einer Mauer umgebene Schlossgarten, der direkt an den Schweizerhof, seiner „Mutter Haus", angrenzte.

Der Vorgängerbau des Hölderlinhauses war der zum Schloss gehörige Vieh- oder Schweizerhof, 1622 nach Plänen von Heinrich Schickhardt erbaut. 1748 wurde er vom Spital- und Bürgermeister Jakob Duttenhofer erworben und renoviert, beim Stadtbrand 1750 zerstört und schon 1751 wieder neu errichtet.

1774, im Jahr der Heirat mit Hölderlins Mutter, erwarb Johann Christoph Gock, Weinhändler und Schreiber in Lauffen und später Bürgermeister in Nürtingen, das Anwesen, dazu einen großen Garten, Wiesen und Acker-land. Die Familie zog in einen nach dem Stadtbrand nach spätbarocker Ensembleplanung neu errichteten Stadtteil, der im Gegensatz zum erhaltenen Teil der Stadt bewusst mit Sichtachsen die Enge der mittelalterlichen Stadt aufbrach. Die Neckarsteige, an der das Hölderlinhaus liegt, war jahr-hundertelang Nürtingens Hauptstraße.

Die Beletage hat 330 Quadratmeter Nutzfläche, die sich um einen großzügigen Flurbereich anordnen. Was heute als Schulräume genutzt wird, war ehemals der Wohnbereich der Familie Hölderlin-Gock, mit Küche und Essstube, und der Bereich für das Gesinde, mit großer Küche, Stuben und Kammern. Im Stockwerk über der Beletage waren drei Zimmer ausgebaut, die Friedrich und seine beiden Geschwister Heinrike und Karl bewohnten. Der Tod war aber auch hier ein ständiger Begleiter in den fünf Jahren der zweiten Ehe von Hölderlins Mutter. Als Hölderlin neun war, starb der geliebte Stiefvater. Außer Friedrich und seiner Schwester Heinrike aus erster Ehe überlebte von den sieben Kindern der Mutter nur sein 1776 geborener Halbbruder Karl Gock.

Der Schweizerhof wa von 1774 bis 1798 da Wohnhaus der Famili Hölderlin-Gock. 1811 wurde das Gebäude zum Schulhaus umge baut, seither gibt es durchgängig schulisc Nutzungen als Volks- schule, Hölderlin-Gym nasium und Volkshoc schule.

Während seiner Kindheit und Jugend stand Hölderlin die noch von der mittelalterlichen Stadtmauer umgebene Stadt zur Erkundung frei. Im Hofbereich des Schweizerhofs, unterhalb des herzoglichen Marstalls und Fruchtkastens gelegen, lagen die zu einem landwirtschaftlichen Anwesen gehörigen Stallungen; zur Neckarsteige hin erstreckte sich

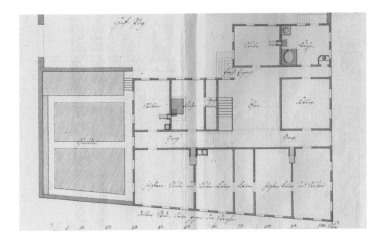

das Gärtlein. Unmittelbar neben dem Anwesen befand sich der von gewaltigen Mauern umgebene große Schlossgarten, dessen einziger direkter Zugang über den Hof der Familie Hölderlin-Gock führte. Der wichtigste Ort für die Familie außerhalb der Stadtmauern war sicherlich der zur Selbstversorgung betriebene Garten vor dem Neckartor. Gerne erkundete Hölderlin auch die Umgebung Nürtingens: das Tiefenbachtal, den Ulrichstein, die Ufer des Neckars, die Rebenhügel am Steinenberg; sie sind in kleinen Sequenzen in seinen Gedichten lebendig geblieben, insbesondere in *Die Teck, Die Stille, Die Meinige, Einst und Jetzt*. Die im sogenannten *Marbacher Quartheft* zusammengefassten, in der Maulbronner Zeit entstandenen und in Nürtingen im Herbst 1788 ins Reine übertragenen Gedichte enthalten viele biografische Hinweise.

Der tägliche Schulweg des jungen Hölderlin vom Wohnhaus zur Lateinschule kann heute noch genauso gegangen werden wie damals. Seine Mutter investierte viel in seine Ausbildung. Selbstverständlich erhielt er schon früh Instrumentalunterricht, die Ausgaben für das „Klavierschlagen" und Flötenspielen sind in der Ausgabenliste der Mutter ebenso akribisch vermerkt wie die Aufwendungen für die zusätzlichen Privatstunden.

Die nächsten Stationen der schulischen Laufbahn waren
die evangelischen Klosterschulen in Denkendorf und
Maulbronn. In diesen jeweils zwei Jahre dauernden Aufenthalten war es selbstverständlich, dass die Ferien zu Hause
in Nürtingen verbracht wurden, ebenso während des sich
anschließenden Studiums in Tübingen.

Nach dem Studium war es nicht ungewöhnlich, eine Stelle
als Hauslehrer und Erzieher in privaten Haushalten anzu-
nehmen, und meist waren diese Hofmeisterstellen sogar
besser besoldet als Vikariatsstellen. Seine erste Anstellung erhielt Hölderlin 1794 bei Charlotte von Kalb in
Waltershausen. In der Ausgabenliste vermerkte die Mutter
eine üppige Ausstattung. Hölderlin wurde mit Wäsche und
neuen Kleidern versehen, silbernen Schnallen und Sporen,
einer Uhr und einem Ring mit sieben Diamanten.

Im Juni 1795 kehrte er von seinem Aufenthalt in Jena nach
Nürtingen zurück. Das zweite Halbjahr 1795 verbrachte
er hier eher ungeduldig: Er hatte eine Hauslehrerstelle in
Frankfurt in Aussicht und wartete auf Nachricht. Briefe an
Freunde und Friedrich Schiller spiegeln seine Seelenlage.
„Ich bin überhaupt wie ein hohler Hafen, seit ich wieder
hier bin, und da mag ich nicht gerne einen Ton von mir
geben", schrieb er im Dezember 1795. Sein Bruder Karl
Gock half ihm bei der Abschrift des Briefromans *Hyperion*.
Dieses Manuskript schickte er dem Verleger Cotta, der um
Kürzungen bat. Erst aus Frankfurt antwortete er am 15. Mai
1796: „Ihre gütige Zuschrift hat mich bestimmt, den *Hyperion*
noch einmal vorzunehmen, und das Ganze in einen Band
zusammenzudrängen."

An die Natur

Da ich noch um deinen Schleier spielte,
Noch an dir, wie eine Blüte hing,
Noch dein Herz in jedem Laute fühlte,
Der mein zährtlichbebend Herz umfing,
Da ich noch mit Glauben und mit Sehnen
Reich, wie du, vor deinem Bilde stand,
Eine Stelle noch für meine Tränen,
Eine Welt für meine Liebe fand,

Da zur Sonne noch mein Herz sich wandte,
Als vernähme seine Töne sie,
Und die Sterne seine Brüder nannte
Und den Frühling Gottes Melodie,
Da im Hauche, der den Hain bewegte,
Noch dein Geist, dein Geist der Freude sich
In des Herzens stiller Welle regte,
Da umfingen goldne Tage mich.
...

aus: An die Natur, September 1795

Vergeblich hatte Hölderlins Mutter versucht, den Schweizerhof an die Stadt zu verkaufen, sie meinte, dieses Gebäude wäre bestens für eine Schule geeignet. Nach dem Verkauf des Hauses 1795 an den Bäcker Maier wohnte sie dort zunächst weiter. Aber als der Sohn Karl 1797 das Haus verließ, um in Markgröningen Schreiber zu werden, zog die Mutter mit der Großmutter 1798 ins Breunlinsche Haus gegenüber der Stadtkirche. In der Wohnung im zweiten Stock lebte sie von 1798 bis 1812, ab 1800 auch die verwitwete Tochter Heinrike mit ihren Kindern. Anhand der städtischen Steuerbücher konnte die Kirchstraße 17 als der Ort identifiziert werden, in dem ein Großteil des Spätwerks Hölderlins entstanden ist.

Ein Gebäude, das in derselben Wohnung zwei Dichter beherbergt hat: Friedrich Hölderlin und Eduard Mörike.

Rückkehr in die Heimat

Ihr milden Lüfte, Boten Italiens!
Und du mit deinen Pappeln, geliebter Strom!
Ihr wogenden Gebirg', o all ihr
Sonnigen Gipfel, so seid ihr's wieder!

Du stiller Ort! in Träumen erschienst du fern
Nach hoffnungslosem Tage dem Sehnenden,
Und du, mein Haus, und ihr, Gespielen,
Bäume des Hügels, ihr wohlbekannten!

Wie lang ist's, o wie lange! des Kindes Ruh'
Ist hin, und hin ist Jugend und Lieb' und Lust;
Doch du, mein Vaterland, du heilig-
Duldendes, siehe, du bist geblieben!

Und darum, dass sie dulden mit dir, mit dir
Sich freun, erziehst du, Teures! die Deinen auch,
Und mahnst in Träumen, wenn sie ferne
Schweifen, und irren, die Ungetreuen.

Und wenn im heißen Busen dem Jünglinge
Die eigenmächt'gen Wünsche besänftiget
Und stille vor dem Schicksal sind, dann
Gibt der Geläuterte dir sich lieber.

Lebt wohl dann, Jugendtage, du Rosenpfad
Der Lieb', und all ihr Pfade des Wanderers,
Lebt wohl! und nimm und segne du mein
Leben, o Himmel der Heimat, wieder!

Juni 1800

Hölderlin kehrte im Juni 1800 zurück nach Württemberg.
Er blieb kurz in Nürtingen und zog dann nach Stuttgart.
Hier wollte er sich auf keinen langen Aufenthalt einrichten,
er schrieb im Mai, die Mutter solle sich mit den „Möbeln so
wenig, wie möglich, Mühe und Unkosten machen. Es ist
mir erst noch beigefallen, dass sich vielleicht über kurz oder
lange doch noch ein angemessener Posten im Ausland mir
darbieten könnte, und so sehe ich darin und in andern Rück-
sichten einen Grund, mich nicht so eigentlich auf ein langes
Bleiben einzurichten. Der Bücherkasten ist mir ganz recht."

Im Breunlinschen Haus hielt sich Hölderlin zwischen 1800
und 1804 mit kurzen Unterbrechungen auf. Einer dieser
Aufenthalte war nach seiner Rückkehr aus der Schweiz im
April 1801. Karl Gock berichtete darüber in seinem „Abriss
über Hölderlins Leben" 1841: „Die Absicht seine Gedichte
herauszugeben und die zu dem Ende durch Vermittlung
Hubers mit der Cottaischen Buchhandlung eingetretenen
Unterhandlungen veranlassten Hölderlin schon am
18. April zur Rückkehr in seine Heimat nach Nürtingen."

Karl Gock verweist ausdrücklich auf „das schöne Gedicht, in welchen sich seine Empfindung ausspricht." Gemeint ist die Elegie *Heimkunft. An die Verwandten*:

...

Heimzugehn, wo bekannt blühende Wege mir sind,
Dort zu besuchen das Land und die schönen Tale des Neckars,
Und die Wälder, das Grün heiliger Bäume, wo gern
Sich die Eiche gesellt mit stillen Birken und Buchen,
Und in Bergen ein Ort freundlich gefangen mich nimmt.

Dort empfangen sie mich. O Stimme der Stadt, der Mutter!
O du triffest, du regst Langegelerntes mir auf!
Dennoch sind sie es noch! noch blühet die Sonn' und die Freud' euch,
O ihr Liebsten! und fast heller im Auge, wie sonst.
Ja! das Alte noch ists! Es gedeihet und reifet, doch keines
Was da lebet und liebt, lässet die Treue zurück.

...

aus: Heimkunft. An die Verwandten, Juni 1801

Nach dem Aufenthalt in Hauptwil arbeitete Hölderlin vor allem an Elegien: *Stuttgart, Brod und Wein, Der Gang aufs Land*. Er blieb ein Dreivierteljahr in Nürtingen, schrieb seinen letzten Brief an Schiller, der unbeantwortet blieb. Aus einem Brief an seinen Freund Niethammer im Juni 1801 weiß man, was er plante: „Ich will meine Lage verändern und bin entschlossen, das Leben eines privatisierenden Schriftstellers, das ich jetzt führe, nicht länger fortzusetzen. Ich habe im Sinne, nach Jena zu gehen und möchte mich dort auf dem Gebiete der griechischen Literatur, die in den vergangenen Jahren der Hauptteil meiner Beschäftigung gewesen ist, mit Vorlesungen nützlich machen." Auch hatte er weiterhin Aussicht, dass Johann Friedrich Cotta seine Gedichte verlegen würde. Diese Pläne verwirklichten sich jedoch nicht. Schließlich erhielt er das Angebot einer Hauslehrerstelle in Bordeaux, die gut dotiert war. Er schrieb schmerzlich-freudige Abschiedsbriefe an den Bruder und auch an Casimir von Böhlendorff im Dezember 1801. „Ich bin jetzt voll Abschieds ... Denn was hab ich Lieberes auf der Welt? Aber sie können mich nicht brauchen. Deutsch will und muss ich übrigens bleiben, und wenn mich die Herzens- und Nahrungsnot nach Otaheiti [Tahiti] triebe." Hölderlin kam bereits im Sommer 1802 wieder aus Bordeaux nach Nürtingen zurück. Freunde und die Familie waren entsetzt über seinen gesundheitlichen Zustand. Sein Bruder Karl Gock schrieb von „deutlichsten Spuren seiner Geistes- zerrüttung". Sein Koffer war vor ihm angekommen und die Mutter hatte in einem geheimen Fach die Briefe seiner großen Liebe Susette Gontard entdeckt. Wie sehr ihn dieses Ereignis von der Familie entfremdet hat, bleibt offen.

Nach einem Aufenthalt in Stuttgart nahm Isaak von Sin- clair ihn im September 1802 mit auf eine kurze Reise zum Reichstag nach Regensburg, wo die Verhandlungen zur Neuordnung Europas geführt wurden. Als er im Oktober nach Nürtingen zurückkehrte, war deutlich, dass Hölderlin psychisch beeinträchtigt war, und er begab sich in Behandlung des Oberamtsphysikus Dr. Planck. Dennoch entstanden in dieser Zeit seines letzten Aufenthalts in Nürtingen große Werke. Das Widmungsgedicht *Patmos* an den Landgrafen von Homburg schickte er Anfang 1803 an Sinclair. Er übersetzte Sophokles, im April 1804 erschienen *Ödipus der Tyrann* und *Antigone*. In dieser Zeit konzipierte er fast alle Gesänge, vollendet wurden hier unter anderem *Die Wanderung, Der Rhein, Friedensfeier, Andenken, Germanien, Der Ister*. Er schrieb theoretische Schriften zur Tragödie und beschäftigte sich intensiv mit dem antiken Dichter Pindar. Große Teile seines wichtigsten Werks, des sogenannten *Homburger Folioheftes*, entstanden hier, und mit den *Nachtgesängen* einschließlich seines bekanntesten Gedichts *Hälfte des Lebens* redigierte er ein letztes Mal eigene Gedichte.

Hälfte des Lebens.

Mit gelben Birnen hänget
Und voll mit wilden Rosen
Das Land in den See,
Ihr holden Schwäne,
Und trunken von Küssen
Tunkt ihr das Haupt
Ins heilignüchterne Wasser.

Weh mir, wo nehm' ich, wenn
Es Winter ist, die Blumen, und wo
Den Sonnenschein,
Und Schatten der Erde?
Die Mauern stehn
Sprachlos und kalt, im Winde
Klirren die Fahnen.

Erstmals veröffentlic
wurde *Hälfte des Lebens* im Jahr 1804
in Friedrich Wilmans
Taschenbuch für das Jahr 1805. Noch nich
aufgenommen wurde
es in die erste Ausga
seiner gesammelten
Gedichte 1826; späte
Ausgaben stellen es
die Rubrik „aus der Z
des Irrsinns".

Am 19. Juni 1804 verließ Hölderlin Nürtingen endgültig, sein Freund Isaak von Sinclair nahm ihn mit nach Homburg. Zuvor hatten Hölderlins Mutter und Sinclair in Briefen um den geeigneten Aufenthaltsort gerungen.

Am 11. September 1806 wurde Hölderlin gegen seinen Willen von Homburg nach Tübingen überführt, seine letzte Rückkehr nach Württemberg. Die Mutter stellte bei den Behörden einen Antrag auf finanzielle Unterstützung für den inzwischen anerkannt Kranken, dieser wurde vom König bis zu Hölderlins Lebensende in Höhe von 150 Gulden jährlich genehmigt.

Ab 1806 stand er unter der Vormundschaft seiner Mutter, die weiterhin sein Erbe verwaltete. Nach ihrem Tod 1828 wurde Israel Gottfried Burk zum amtlichen Vormund Hölderlins bestellt.

Die Mutter eines anderen Dichters bezog in der Kirchstraße 17 dieselbe Wohnung. Charlotte Mörike und ihre Kinder lebten hier von 1826 bis 1832, hier fand Eduard Mörike in der Unrast seiner häufig wechselnden Vikariate einen Ruheplatz. Mörike kehrte 1843 noch einmal zurück in diese Wohnung, in der mittlerweile die Schwester Hölderlins wohnte. Von ihr bekam er „einen großen Korb mit Manuskripten" in die nahe Stadtschreiberei, Marktstraße 12, geschickt. Bereits 1838 hatte er „einen Rummel Hölderlin'scher Papiere" durchgesehen.

Hölderlins Manuskripte wurden während seiner Zeit im Turm in der Kirchstraße 17, Marktstraße 6 und anderen Wohnungen bei Mutter und Schwester verwahrt. Der Umgang seiner Familie mit seinen Manuskripten führte zu heute nicht mehr zu definierenden Verlusten, es wurden Manuskripte und Briefe sowohl verschenkt als auch vernichtet. Der zunächst im Familienerbe und verstreut bei Herausgebern und in Privatbesitz befindliche Nachlass hat Mitte des 20. Jahrhunderts seinen Weg ins Literaturarchiv Marbach gefunden und vor allem nach Stuttgart in die Württembergische Landesbibliothek.

Die Kreuzkirche, einstige Wall-
fahrts- und Friedhofskirche,
heute ein Veranstaltungsort,
stand früher außerhalb der
Stadtmauern vor dem Obertor.
Nördlich der Kreuzkirche
war zu Hölderlins Zeit der
Friedhof. Seit 1970 befindet
sich hier eine Gedenkstätte mit
Brunnen und Gedenksteinen
zur Erinnerung an Friedrich
Hölderlin und seine weit in
die Nürtinger Stadtgeschichte
zurückreichenden familiären
Verbindungen. Unter Hölder-
lins Nürtinger Vorfahren sind ein Bürgermeister und ein
Neckarbader, der eine Badeanstalt betrieb, nachgewiesen. Die
Brunnenrundung schmückt die letzte Strophe aus *Hyperions
Schicksalslied*:

Die Hölderlin-Gedenk-
stätte wurde 1970 z
200. Geburtstag des
Dichters errichtet.

> …
> *Doch uns ist gegeben,*
> *Auf keiner Stätte zu ruhn,*
> *Es schwinden, es fallen*
> *Die leidenden Menschen*
> *Blindlings von einer*
> *Stunde zur andern,*
> *Wie Wasser von Klippe*
> *Zu Klippe geworfen,*
> *Jahr lang ins Ungewisse hinab.*

aus: *Hyperions Schicksalslied*, 1799

Zum Gedenken an den großen Dichter erhalten seit 2010
Persönlichkeiten, die sich um Werk, Person und Erinne-
rung an Friedrich Hölderlin verdient gemacht haben, den
Nürtinger Hölderlin-Ring als Auszeichnung.

Der Ulrichstein bei Hardt ist seit Jahrhunderten ein beliebtes Ausflugsziel, so auch für Hölderlin. Am 13. Oktober 1796 schrieb er an seinen Stiefbruder Karl Gock: „Ich dachte (...) an den schönen Maitagnachmittag, wo wir im Walde bei Hardt bei einem Kruge Obstwein auf dem Felsen die *Hermannsschlacht* zusammen lasen. Das waren doch immer goldne Spaziergänge, Lieber, Treuer!"

Rundwanderweg *Hölderlins Landschaft* bindet Nürtingen mit ... nahegelegenen ...enumwobenen Ort ...en im Wald bei ...dt. Der umgebende ...ld und die markanten ...sformationen vermit-... nach wie vor etwas ... der damaligen At-...sphäre.

Der Felsen, im Volksmund „Ulrichstein" genannt, ist ein markanter Rhätsandstein-Block, in dem sich der Sage nach Herzog Ulrich auf der Flucht vor seinen Häschern versteckt haben soll. Die Landschaft dieser Gegend und die Sagen um Herzog Ulrich inspirierten Hölderlin zu seinem Gedicht *Der Winkel von Hardt*, dem letzten von neun Gedichten seiner von ihm selbst als *Nachtgesänge* bezeichneten Sammlung.

Der Winkel von Hardt

Hinunter sinket der Wald,
Und Knospen ähnlich, hängen
Einwärts die Blätter, denen
Blüht unten auf ein Grund,
Nicht gar unmündig
Da nämlich ist Ulrich
Gegangen; oft sinnt, über den Fußtritt,
Ein groß Schicksal
Bereit, an übrigem Orte.

Januar 1804

DENKENDORF

»... tausend Entwürfe
zu Gedichten ...« Dezember 1785

Als der 14-jährige Friedrich Hölderlin zur Vorbereitung
auf die Theologenausbildung 1784 in das Klosterseminar
aufgenommen wurde, war der *Denkendorfer Weg* eine direkte
Verbindungstraße zwischen Denkendorf und Nürtingen.
Noch heute wandert man hier durch eine reizvolle Landschaft, den Sauhag, das ehemalige Jagdgebiet des Herzogs,
und benötigt für diese Strecke um zwei Stunden.

Denkendorf zählt etwa 10 500 Einwohner und liegt am Rand
der Filderebene, an den bewaldeten Hängen zum Körsch-

und Sulzbachtal. Das Ortsbild ist geprägt von den hoch über dem Ort liegenden Gebäuden des Klosters. Die ehemalige Klosterkirche, das Konventgebäude, der Klostersee und das Amtsgebäude, der ehemalige Meierhof mit Zehntscheuer und Kelter unterhalb des Klosters bilden ein unter Denkmalschutz stehendes Ensemble. Die ehemalige Klosterkirche wird als evangelische Ortskirche genutzt, das ehemalige Amtsgebäude als Pfarrhaus, die umgebaute Zehntscheuer und die Kelter sind Räume für die Ortsgemeinde.

Krypta zeigt eine symbolische Darstellung des Grabes Jesu.

Die Geschichte der Gemeinde Denkendorf ist über Jahrhunderte eng mit der Geschichte des Klosters verbunden. Die erste urkundliche Erwähnung datiert von 1129, als Papst Honorius II. das vom Grafen Berthold gestiftete Kloster unter seinen Schutz nahm. Das noch heute erhaltene Kernstück ist die Krypta, in der die Chorherren des Ordens vom Heiligen Grab die gottesdienstlichen Sitten des Jerusalemer Mutterklosters pflegen konnten. Da die Gläubigen für eine Pilgerfahrt zu der um 1200 erbauten Klosterkirche denselben Ablass erhielten wie für einen Besuch des Heiligen Grabs in Jerusalem, wurde Denkendorf auch „Klein-Jerusalem" genannt.

Nach der Reformation wurde Denkendorf zu einer der bedeutendsten evangelischen Klosterschulen in Württemberg. Wesentlichen Anteil daran hatte ein württembergischer Pietist des 18. Jahrhunderts, Johann Albrecht Bengel, der hier von 1713 an 28 Jahre lang als Klostervorsteher wirkte. Mit seiner Auslegung der Bibel prägte er einen großen Teil des Pfarrernachwuchses.

Am 20. Oktober 1784 wurden 29 Schüler in die Klosterschule aufgenommen. Für die Neuankömmlinge war Ende
November die erste der vierteljährlich erfolgenden Lesungen
der für die Schüler geltenden Regeln. Diese lange Liste von
Geboten und Verboten galt für alle Klosterschulen, wurde
jedoch in Denkendorf besonders streng durchgesetzt. War
es zur Lateinschulzeit in Nürtingen für Hölderlin noch
möglich, „dass ihn der Wald der Schul' entzog," so erfuhr die
von zu Hause gewohnte Bewegungsfreiheit im Klosteralltag
nun drastische Einschränkungen. Die Freizeit war knapp,
ein Aufenthalt außerhalb der Klostermauern ohne Erlaubnis
verboten. Ferien gab es nur über Ostern und im Herbst
für jeweils zwei Wochen. Mit der auf Kosten des Herzogs
gestellten schlichten schwarzen Einheitskleidung mussten
sich die Schüler begnügen.

Gasthaus *Zum Alten* ~~~en, Kirchstraße 2, ~~indet sich ein Teil ~~s Heimatmuseums. ~~zeigt eine Kopie ~~· Kreuzreliquie, die ~~Klosterstiftung ~~24 aus Jerusalem ~~ch Denkendorf ~~oracht worden war. ~~·nungszeiten: Jeden ~~Sonntag im Monat ~~ 10 bis 12 Uhr oder ~~ch Vereinbarung.

Zu Hölderlins Zeit hatte Denkendorf etwa 1000 Einwohner. Die Klosterschüler waren angehalten, gegen jedermann „geziemende Bescheidenheit und Höflichkeit zu gebrauchen"; privater Kontakt zur Bevölkerung war ihnen jedoch ebenso untersagt wie zu den Bediensteten der Klosterschule. Im detailliert geregelten Internatsleben wurde zum „Denunzieren" ausdrücklich aufgefordert, vor allem das „scharf verpönte Zechen, Schmausen und Spielen" war bei „schwerer Strafe und geschärftem Karzer" verboten. Wenn die Schüler „vieles Aufputzen, übermäßiges Puder, unnötige Perücken, auch Samet und Seide an sich wahrnehmen" ließen, drohten Strafen. Trotzdem kannten die Schüler das Gasthaus *Bären*. „Es lebe der Bären, wo roter Wein wie Ströme Bluts fließt", so lautet ein Eintrag von Hölderlins Mitschüler Rümelin in dem schon von Hölderlins Vater angelegten Stammbuch Friedrichs, eine Art Freundschaftsbuch, das im Kloster Denkendorf kursierte.

Der damalige Klostervorsteher Johann Jakob Erbe führte ein strenges Regiment. Mit der Verhängung von Strafen war man nicht zimperlich. Entzug des Weins, den die Schüler üblicherweise täglich zu den Mahlzeiten erhielten, Karzer (Arrest), aber auch körperliche Züchtigung waren die gängigen Disziplinierungsmaßnahmen. Hölderlins Jahrgang wurde besonders häufig ins sogenannte Carentenbuch, dem Verzeichnis der Regelverstöße, eingetragen. So auch Hölderlin im Juli 1786: Ihm wurde „wegen Umherschweifens in der Kirche während der Chorandacht" der Tischwein entzogen.

Am Beginn zur Theologenausbildung stand für alle, die das Landexamen bestanden hatten, die Verpflichtungs- erklärung, Theologe zu werden, sich „unerlaubt in keine anderen Dienste einzulassen" und im „Falle der Abtrünnig- keit alle Unkosten zu erstatten". Das von der Mutter beantragte Stipendium, das die Kosten des Studiums weitgehend abdeckte, wurde vom Nürtinger Magistrat im März 1785 bis zum Ende des Studiums des Sohnes genehmigt.

Der umfangreiche Fächerkanon der Lateinschule setzte sich in Denkendorf fort: Religion, Latein, Griechisch, Hebräisch und Fran- zösisch, Musik, Logik, Rhetorik, Geschichte, Poesie, Geografie, Mathematik, Morallehre, Meta- physik. Die Statuten gaben einen streng geregelten Tagesablauf vor, der durch Unterricht, vier tägliche Andachten, Betstunden und Vorlesestunden mit Bibel- texten mit Belehrung, Lesen, Musik und Chorgesang struk- turiert war. Auch war die Teilnahme am Gottesdienst der Gemeinde verpflichtend.

Die um 1200 erbaute romanische Kirche ist tagsüber immer geöffnet.

Hölderlin war aber auch mit eigenen Vorhaben beschäftigt. Er hatte „Pläne auf die Rede, die ich an Johannistage bei der Vesper halte, tausend Entwürfe zu Gedichten, die ich in den Cessationen, (vier Wochen, wo man bloß für sich schafft) machen will, und machen muss, (NB. auch lateini- sche) ganze Pakete von Briefen, die ich, ob schon das neue Jahr wenig dazu beiträgt, schreiben muss," schrieb er im Dezember 1785 an seine „liebste Mamma".

Der erste überlieferte Brief Hölderlins, wahrscheinlich vom November 1785, richtete sich an Nathanael Köstlin, den Nürtinger Privatlehrer und väterlichen Freund. Hölderlin schrieb ihm, dass er „den festen Entschluss" gefasst habe, „ein Christ und nicht ein wankelmütiger Schwärmer" zu werden."

Zum Einzug in die Klosterschule begleitete die Mutter ihren Fritz. Sie vermerkte in einer Liste, was sie den Lehrern und den Bediensteten an Geld zugesteckt hatte. Zurück in Nürtingen begann sie am 21. Oktober 1784 rückwirkend die bisherigen Ausgaben für ihren Sohn zu notieren. Diese „Ausgabenliste vor den lieben Fritz, welche aber, wann er im Gehorsam bleibt nicht sollen abgezogen werden" führte sie fort bis zu ihrem Tod 1828.

Der nächtliche Wanderer

Hu! der Kauz! wie er heult,
Wie sein Furchtgeschrei krächzt
Erwürgen – ha! du hungerst nach erwürgtem Aas,
Du naher Würger, komme, komme.

Sieh! er lauscht, schnaubend Tod –
Ringsum schnarchet der Hauf
Des Mordes Hauf, er hört's, er hört's, im Traume hört er's
Ich irre Würger, schlafe, schlafe.

Ende 1785

MAULBRONN

»... öfter denk ich an meine Lieben in der Welt umher ...« April 1787

Maulbronn ist durch die außergewöhnlich gut erhaltene mittelalterliche Zisterzienserabtei weltweit bekannt. Sie ist die am vollständigsten erhaltene Klosteranlage des Mittelalters nördlich der Alpen, seit 1993 UNESCO-Weltkulturerbe und gehört zu den touristischen Attraktionen Baden-Württembergs. Sie ist berühmt für die in der besonderen Atmosphäre des Sakralbaus stattfindenden Konzerte, aber auch nach wie vor ein Ort der schulischen Ausbildung. Zu den 6500 Einwohnern zählen die etwa 100 Schülerinnen und Schüler des evangelischen Gymnasiums innerhalb der historischen Klostermauern.

Als Maulbronn infolge der Reformation und des Augsburger Religionsfriedens im Jahr 1556 in eine evangelische Klosterschule umgewandelt wurde, um hier den Theologennachwuchs für die damals noch junge protestantische Kirche Württembergs heranzubilden, begann eine über 450-jährige Tradition, mit der Namen wie Johannes Kepler, Friedrich Hölderlin und Hermann Hesse verbunden sind. Das Bild des Ortes wurde aber auch durch die Romantiker geprägt, die hier in der ersten Hälfte des 19. Jahrhunderts eine ideale Kulisse für ihre Texte fanden, efeuumrankte Türme, alte Mauern, „Hallen und gewölbte Gänge". Ihnen ist die Legende um den Doktor Faust zu verdanken, der hier zu Tode gekommen sein soll.

Als der 16-jährige Hölderlin im Oktober 1786 mit seinem Jahrgang, „Promotion" genannt, von der Klosterschule Denkendorf in das „hiesige höhere Kloster promoviert" wurde, litt er am Internatsleben und fand wenig Zugang zu seinen Mitschülern. Er schrieb im Januar 1787, er müsse um seine „besten Absichten Palisaden setzen" und hat sich „manchmal schon lieber an jeden andern Ort gewünscht als unter Menschengesellschaften". Hinzu kam, dass der Schulbetrieb durch die Ordnungen und Statuten der herzoglichen Kanzlei streng reglementiert war, wobei man vor allem darauf achtete, Fehltritte der Schüler nicht über die Klostermauern hinausdringen zu lassen. Das Leben in den feuchten und schwer beheizbaren Klosterbauten war eher mühsam als beseelt von ihrer architektonischen Schönheit. Hölderlin bat die Mutter immer wieder um Versorgung. „Denn das sind doch ordentliche Nahrungssorgen, wenn man so nach einem

Schluck Kaffee oder nur einem guten Bissen Suppe hungert", schrieb er im Juni 1787.

Das geistige Klima der Klosterschule war, wie schon in Denkendorf, durch eine pietistisch orientierte Religiosität geprägt. Hölderlin konnte sich nur schwer mit den äußeren Bedingungen und den strengen Regeln abfinden, aber er war bestrebt, die zweifach verwit-

wete Mutter, selbst eine Pfarrerstochter, die sich an ihrer Glaubenslehre festhielt, nicht zu enttäuschen. Obwohl er bereits mit dem Gedanken, Dichter zu werden, umging, schrieb er ihr im April 1787: „Ich sehe jetzt! man kann als Dorfpfarrer der Welt so nützlich, man kann noch glücklicher sein, als wenn man, weiß nicht was? wäre."

Im Dormentbau sind bis heute die Schlaf- und Unterrichtsräume des Evangelischen Seminars untergebracht.

Nachdem Hölderlin wenige Monate auf der Maulbronner Klosterschule war, meldete sich Anfang November 1786 hoher Besuch an: Herzog Carl Eugen beabsichtigte mit seiner Gattin Franziska von Hohenheim die Klosterschule zu besuchen, um sich ein Bild von den Ausbildungserfolgen zu machen. Einer der Schüler sollte ein selbst geschriebenes Gedicht auf die Landesherrin vortragen und die Wahl fiel auf Hölderlin, dessen Fähigkeiten wohl vor seinen Lehrern nicht verborgen geblieben waren. Am 7. und 8. November wurde dem Herrscherpaar in barocker Manier feierlich die Ehre erwiesen. Es fanden „extemporierte Examen" statt, spontane Schauprüfungen, und Belohnungen wurden verteilt. Hölderlin überreichte Franziska von Hohenheim sein Huldigungsgedicht.

In Maulbronn entstanden erste längere Gedichte, bei denen er sich an literarischen Vorbildern orientierte. Sie sind im sogenannten *Marbacher Quartheft* zusammengefasst. Es sind hymnische, seinem Alter entsprechend begeistert tönende Texte. Hölderlin beschäftigte sich nicht nur ausgiebig mit den antiken Dichtern des schulischen Lehrplans, sondern auch mit Macphersons ossianischen Dichtungen, Klopstock, Schiller, Schubart und Wieland.

Auf einer Heide geschrieben

Wohl mir! dass ich den Schwarm der Toren nimmer erblicke,
Dass jetzt unumwölkter der Blick zu den Lüften emporschaut,
Freier atmet die Brust dann in den Mauern des Elends,
Und den Winkeln des Trugs. O! schöne, selige Stunde!
Wie getrennte Geliebte nach langentbehrter Umarmung
In die Arme sich stürzen, so eilt' ich herauf auf die Heide,
Mir ein Fest zu bereiten auf meiner einsamen Heide.
Und ich habe sie wieder gefunden, die stille Freuden
Alle wieder gefunden, und meine schattigen Eichen
Stehn noch eben so königlich da, umdämmern die Heide
Noch in alten stattlichen Reih'n, die schattigen Eichen.
…
O! jetzt kenn' ich mich wieder, der menschenhassende Trübsinn
Ist so ganz, so ganz aus meinem Herzen verschwunden.
Wär ich doch ewig fern von diesen Mauern des Elends,
Diesen Mauern des Trugs! – Es blinken der Riesenpaläste
Schimmernde Dächer herauf, und die Spitzen der alternden Türme
Wo so einzeln stehn die Buchen und Eichen; es tönet
Dumpf vom Tale herauf das höfische Wagengerassel
Und der Huf der prangenden Rosse – – Höflinge! bleibet,
Bleibet immerhin in eurem Wagengerassel,
Bückt euch tief auf den Narrenbühnen der Riesenpaläste,
Bleibet immerhin! – Und ihr, ihr Edlere, kommet!
Edle Greise und Männer, und edle Jünglinge, kommet!
Lasst uns Hütten baun – des echten germanischen Mannsinns
Und der Freundschaft Hütten auf meiner einsamen Heide.

aus: Auf einer Heide geschrieben, 1787

Eine erste größere Reise führte Hölderlin im Juni 1788 für fünf Tage an den Rhein, wo er auch Verwandte in Speyer besuchte. Er führte ein Reisetagebuch, in dem er die vielen neuen Eindrücke anschaulich notierte, und sandte es seiner Mutter: „Man stelle sich vor – ein Strom, der dreimal breiter ist als der Neckar (...) – das war ein Anblick – ich werd' ihn nie vergessen, er rührte mich außerordentlich." Nach Maulbronn zurückgekehrt, schrieb er: „Es war mir noch nie so eng (...)."

Die heute so bewunderte Architektur des Maulbronner Klosters erwähnte der Klosterschüler Hölderlin nur zwei Mal in seinen Briefen. 1788 verglich er die Höhe des berühmtem Heidelberger Fasses mit der Höhe des Fensters seiner Schlafstube, dem früheren Schlafsaal der Mönche. Und im Januar 1789 erinnerte er sich in Tübingen in einem Brief an seine Verlobte Louise Nast: „Louise! Louise! u. wann ich Dich aus Deinem Hause dem Kreuzgang zu gehen sah – es ist mir noch alles so lebendig – der schöne majestätische Gang, das liebevolle Auge nach mir heraufblickend (...)."

Rechts: Friedrich Hölderlin, Bleistiftzeichnung von Immanuel Nast, 1788

Links: Das ehemalige Kameralamt der herzoglichen Verwaltung (Klosterhof 22) war das Elternhaus von Hölderlins Freundin und späteren Verlobte Louise Nast.

Schon bald nach seiner Ankunft verliebte sich Hölderlin in die zwei Jahre ältere Louise, die er als „Stella" in seinen

Maulbronner Gedichten stilisierte. In dieses Verhältnis war Louises Cousin Immanuel Nast aus Leonberg eingeweiht, der während der Maulbronner Zeit zu Hölderlins engstem Vertrauten wurde. Diese erste Liebe des jungen Mannes wurde sogar mit einer Verlobung, mit der beide Elternteile einverstanden waren, bekräftigt. Allerdings löste Hölderlin die Verlobung überraschend, nachdem er in Tübingen sein Studium aufgenommen hatte. Als Hölderlin 1788 Maulbronn verließ, hatte er die Klosterschule trotz aller inneren Konflikte erfolgreich absolviert. Im Fach Poesie wurde er sogar mit der Note „vorzüglich" beurteilt.

Die literarische Ausstellung des städtischen Museums im Klosterhof umfasst mehr als acht Jahrhunderte literarischen Schaffens und präsentiert 50 Schriftstellerinnen und Schriftsteller wie Justinus Kerner, Georg Herwegh, Eduard Mörike, Albrecht Goes und Hermann Hesse, der als eine Abrechnung mit dem Leistungsdruck des Schulsystems sein eigenes „leidensschweres Schülertum", sein „Maulbronn-Trauma", in der 1906 erschienenen Erzählung *Unterm Rad* verarbeitete.

s Literaturmuseum
Klosterhof zeigt
Dauerausstellung
esuchen – Bilden –
hreiben. Das Kloster
aulbronn und die
eratur".
nungszeiten:
vember bis Februar
n 9.30 – 17.00 Uhr
d von März bis Okto-
r von 9.00 – 17.30 Uhr
öffnet (montags ge-
lossen). Der Eintritt
frei, Führungen auf
frage.

TÜBINGEN

»Ein freundlich Wort von einem Freunde ist jetzt mehr Bedürfnis für mich, als je.« Oktober 1793

Wer Tübingen vom Österberg aus betrachtet, sieht die Stadt seit Jahrhunderten scheinbar unverändert. Stolz erhebt sich das Schloss Hohentübingen, ehemals württembergische Landesfestung, Herzogssitz und herzoglicher Witwensitz. Der Gang hinauf erfordert einigen Atem, aber der Blick über die Stadt und der Ausblick auf die Neckarhalde mit ihren gutbürgerlichen Häusern, darunter das Geburtshaus Ludwig Uhlands, bis hin zum Evangelischen Stift mit seiner gepflegten Gartenanlage, entschädigt für diesen Aufstieg.

ölderlins Zeit
e Tübingen etwa
l Einwohner, heute
es knapp 87 000
es gibt dreimal
er Woche den
henmarkt, den
gimarkt im April,
Umbrisch-Proven-
chen Markt im
tember, den Marti-
arkt im November
Anfang Dezember
Schokoladenmarkt.

Vom Schloss aus kann man auf schönen Waldwegen über
den Spitzberg bis zur Wurmlinger Kapelle gehen. Friedrich
Hölderlin ist diesen Weg während seiner Studienjahre oft
gewandert, wenn es ihm in der Stadt zu turbulent wurde.
An die Schwester Heinrike schrieb er im November 1790:
„Heute haben wir großen Markttag. Ich werde, statt mich
von dem Getümmel hinüber und herüberschieben zu lassen,
einen Spaziergang mit Hegel, der auf meiner Stube ist, auf
die Wurmlinger Kapelle machen wo die berühmte schöne
Aussicht ist."

vielen Häusern
en Weinreben,
Schwäbischen
nsakrebsler genannt,
e Rebe, die am Fens-
ims hinaufkriecht.
n, der als Semsa-
psler bezeichnet
l, ist allerdings
nlich sauer.

Beim Gang zurück vom Schloss in die Stadt,
die Villen zurücklassend, lohnt sich der
Weg in die sogenannte Unterstadt an den
die Stadt durchziehenden Fluss Ammer.
Die Häuser hier sind kleiner, ducken sich
fast weg. Hier ist man mitten im einstigen
Handwerker- und Wengerterviertel. Bis
zum 30-jährigen Krieg lebte die Hälfte der
damals ungefähr 3000 Einwohner vom
Weinbau. Auf dem Weg zur Ammergasse
kommt man durch die Haaggasse. In der
Dachstube des Hauses Nr. 15 verbrachte

der viel zu jung verstorbene Wilhelm Hauff seine Kindheit und später seine Studentenzeit. Dem Ammerkanal folgend, gelangt man zurück in die Altstadt und über die Marktgasse zum Rathaus. Seine Fassade zeigt einen Rückblick in die Tübinger Geschichte; unter dem Stadtwappen Graf Eberhard im Bart, der 1477 die Universität gründete, darunter Konrad Breuning, der am Tübinger Vertrag von 1514 beteiligt war, und Johannes Osiander, der die Stadt 1688 vor der Zerstörung durch die Franzosen rettete. Daneben das Bildnis von Jakob Heinrich Dann, Bürgermeister und Vertreter der landständischen Rechte, gefolgt vom großen Verleger Johann Friedrich Cotta, der Friedrich Hölderlins Roman *Hyperion* oder *Der Eremit in Griechenland* sowie dessen Gedichte veröffentlichte, und der Dichter, Jurist und demokratische Politiker Ludwig Uhland.

Rechter Hand des Rathauses befindet sich das Gemeindehaus Lamm, früher eine Gaststätte, wo sich die Studenten, wenn sie aus den Mauern des Evangelischen Stifts flüchten konnten, versammelten: „Die Stiftler gehen in schwarzen Kleidern, Mänteln und Priesterläppchen umher, wie wenn sie alle Augenblicke die Kanzel besteigen wollten. In diesem

Die Fassade des 143[...] erbauten Rathauses zeigt seit dem 19. Ja[...] hundert große Männ[...] Tübingens.

Habit findet man sie überall in den Wirtshäusern, beim Spiel, auf der Kegelbahn und beim Spaziergang."
So beschrieb 1789 ein Unbekannter in seinem Reisetagbuch die Stiftsstudenten.

DIE STUDIENJAHRE

Während seines Studiums am Evangelischen Stift fiel Hölderlin eher durch Fleiß denn durch allzu groben Unfug auf. Er klagte der Mutter: „Sie können schließen, dass der immer während Verdruss, die Einschränkung, die ungesunde Luft, die schlechte Kost, die meinen Körper vielleicht früher entkräftet, als in einer freiern Lage." In einem eindringlichen Brief vom November 1789 bat er die Mutter ihm zu erlauben Jura zu studieren und begründete es damit, was er über seinen Vater erzählt bekommen hatte: Dass die Studienjahre seine vergnügtesten gewesen seien. Die Mutter gestattete den Studienwechsel nicht. Auch wenn er die „Galeere der Theologie" nicht liebte, schloss er sein Studium ab.

heute ist das Evangesche Stift, ehemals ustinerkloster, im Zuge der Reformion durch Herzog ch 1536 in ein pendium" gewan- wurde, Wohn- und dierstätte bei freier erkunft und Verpfleg für evangelische ologiestudierende.

Ich duld' es nimmer . . .

Ich duld' es nimmer! ewig und ewig so
  Die Knabenschritte, wie ein Gekerkerter
    Die kurzen vorgemessnen Schritte
      Täglich zu wandeln, ich duld' es nimmer!

Ists Menschenlos – ists meines? ich trag es nicht,
  Mich reizt der Lorbeer, – Ruhe beglückt mich nicht
    Gefahren zeugen Männerkräfte,
      Leiden erheben die Brust des Jünglings.

Was bin ich dir, was bin ich mein Vaterland?
  Ein siecher Säugling, welchen mit tränendem
    Mit hoffnungslosem Blick die Mutter
      In den geduldigen Armen schaukelt.

Mich tröstete das blinkende Kelchglas nie
  Mich nie der Blick der lächelnden Tändlerin,
    Soll ewig Trauern mich umwolken?
      Ewig mich töten die zornge Sehnsucht?

Was soll des Freundes traulicher Handschlag mir,
  Was mir des Frühlings freundlicher Morgengruß
    Was mir der Eiche Schatten? was der
      Blühenden Rebe, der Linde Düfte?

Beim grauen Mana! nimmer genieß ich dein,
  Du Kelch der Freuden, blinkest du noch so schön,
    Bis mir ein Männerwerk gelinget,
      Bis ich ihn hasche, den ersten Lorbeer.

Der Schwur ist groß. Er zeuget im Auge mir
  Die Trän' und wohl mir, wenn ihn Vollendung krönt
    Dann jauchz' auch ich, du Kreis der Frohen,
      Dann, o Natur, ist dein Lächeln Wonne.

November 1789

Die Freundschaften waren es, die Friedrich Hölderlin durch diese Jahre trugen. Rudolf Magenau und Christian Ludwig Neuffer waren seine Stützen, wenn er es in den Mauern nicht mehr aushielt. Mit diesen beiden gründete er im März 1790 den *Aldermannbund* – sie verstanden sich als Dichter und spornten sich zum Schreiben an. Das große Vorbild war Friedrich Schiller. Rudolf Magenau vermittelt in seinem Lebensabriss einen Eindruck dieser geselligen Runden: „Ein niedliches Gartenhäuschen nahm uns da auf, an Rheinwein gebrach es nicht. Wir sangen alle Lieder der Freude nach der Reihe durch. Auf die Bowle Punsch hatten wir Schillers *Ode an die Freude* aufgespart. Ich ging, sie zu holen. (...) Und nun sollte das Lied beginnen, aber Hölderlin begehrte, dass wir erst an der kastilischen Quelle uns von all unsern Sünden reinigen sollten. Nächst dem Garten floss der soge-nannte Philosophenbrunnen, das war Hölderlins kastilischer Quell; (...) dieses Lied von Schiller, sagte Hölderlin, darf kein Unreiner singen! Nun sangen wir; bei der

Strophe ‚dieses Glas dem guten Geist‘ traten helle, klare Tränen in Hölderlins Auge, voll Glut hob er den Becher zum Fenster hinaus gen Himmel und brüllte ‚dieses Glas dem guten Geist‘ ins Freie, dass das ganze Neckartal widerscholl. Wir waren so selig!"

Sonst hielt sich Hölderlin von den andern Stiftlern eher fern, beschäftigte sich, abseits des Stundenplans, mit den Schriften Kants, Fichtes und Rousseaus, verfolgte gespannt, was sich im Nachbarland mit der Französischen Revolution Bahn brach. In seiner *Hymne an die Unsterblichkeit* spricht er erstmals vom Menschenrecht: „Wenn die Starken den Despoten wecken, Ihn zu mahnen an das Menschenrecht." Die Freunde Magenau und Neuffer verließen 1791 das Stift, doch Hölderlin fand zwei, die den Verlust ersetzen konnten.

Ihn verband eine anregende und fruchtbare Freundschaft mit Georg Friedrich Wilhelm Hegel und Friedrich Wilhelm Joseph Schelling, den er schon von der Nürtinger Lateinschule her kannte. Mit ihnen konnte er sogar in eine beheizbare Stube umziehen, zu damaliger Zeit ein wahrer Luxus. Ebenfalls Freund, aber auch Unterstützer war der Stuttgarter Jurist Gotthold Stäudlin, der 1792 in seinem *Musenalmanach* vier und 1793 sieben Gedichte Hölderlins in seiner *Poetischen Blumenlese* veröffentlichte.

> . . .
>
> *Thronend auf des alten Chaos Wogen*
> *Majestätisch lächelnd winktest du,*
> *Und die wilden Elemente flogen*
> *Liebend sich auf deine Winke zu.*
> *Froh der seligen Vermählungsstunde*
> *Schlangen Wesen nun um Wesen sich,*
> *In den Himmeln, auf dem Erdenrunde*
> *Sahst du, Meisterin! Im Bilde dich. –*
>
> . . .
>
> aus: Hymnus an die Göttin der Harmonie, 1790

Im Frühjahr 1789 löste Hölderlin überraschend die Verlobung mit Louise Nast mit der Begründung, sie hätte einen Würdigeren verdient als ihn. In Tübingen fand er eine neue Liebe, Elise Lebret, die Tochter des Universitätskanzlers, die in Gedichten zur „Lyda" wurde. Seiner Mutter schrieb er aber im Juni 1791, dass „ich seit Jahr und Tagen fest im Sinne habe, nie zu freien." So blieb es dann auch.

Im April 1791 brach Hölderlin mit den Tübinger Studienfreunden Johann Christian Hiller und Friedrich August Memminger zu einer Reise in die Schweiz zu Johann Caspar Lavater auf und an den Vierwaldstätter See, ins Kernland der „göttlichen Freiheit". Diese Reise fand ihren Niederschlag in Hölderlins Gedicht *Kanton Schweiz*.

Bereits in den Tübinger Jahren begann Hölderlin an seinem Roman *Hyperion* zu arbeiten. Die bevorzugte Form seines lyrischen Schaffens in dieser Zeit waren Hymnen, heute zusammengefasst unter dem Titel *Tübinger Hymnen*.
Fünf Jahre studierte Friedrich Hölderlin, er erwarb seinen Magister in Philosophie und beendete 1793 erfolgreich das Theologiestudium.

…

Froh der süßen Augenweide
Wallen wir auf grüner Flur;
Unser Priestertum ist Freude,
Unser Tempel die Natur; –
Heute soll kein Auge trübe,
Sorge nicht hienieden sein!
Jedes Wesen soll der Liebe,
Frei und froh, wie wir, sich freun'!

Höhnt im Stolze, Schwestern, Brüder!
Höhnt der scheuen Knechte Tand!
Jubelt kühn das Lied der Lieder,
Festgeschlungen Hand in Hand!
Steigt hinauf am Rebenhügel,
Blickt hinab ins weite Tal!
Überall der Liebe Flügel,
Hold und herrlich überall!

…

Mächtig durch die Liebe, winden
Von der Fessel wir uns los,
Und die trunknen Geister schwinden
Zu den Sternen, frei und groß!
Unter Schwur und Kuss vergessen
Wir die träge Flut der Zeit,
Und die Seele naht vermessen
Deiner Lust, Unendlichkeit!

aus: Hymne an die Liebe, 1792

DIE TURMJAHRE

Am 11. September 1806 war
Hölderlin auf Anweisung der
Mutter gegen seinen heftigen
Widerstand von Homburg
nach Tübingen gebracht
worden. Sein geistig zerrüt-
teter Zustand schien diese
Maßnahme notwendig zu
machen. Unweit des Evangelischen Stifts liegt die Burse,

heute von Studierenden der Kunstgeschichte und der
Philosophie belebt. 1805 wurde hier von Johann Heinrich
Autenrieth das Universitätsklinikum eingerichtet. Autenrieth war ein Vordenker. Er wollte durch seine Behandlung
psychisch Kranke wieder in die Gesellschaft integrieren. Auf
einer Reise durch die Vereinigten Staaten von Amerika hatte
er sich ein Bild davon machen können, wie es psychisch
Kranken in den dortigen Einrichtungen erging. Er wollte
es besser machen und war für eine dezentrale, in kleine
Einheiten gegliederte Unterbringung. Der Dichter Friedrich Hölderlin gehörte zu seinen ersten Patienten. Justinus
Kerner, damals Medizinstudent, führte die Krankenakte,
die leider nicht erhalten ist. Tatsächlich erklärte Autenrieth
Hölderlin nach siebenmonatiger Behandlung für unheilbar
krank und gab ihm noch drei Jahre zu leben. Diese sollte er
aber nicht in der Anstalt zubringen müssen, weshalb er den
Schreinermeister Ernst Zimmer bat, den Dichter gegen Kost
und Logis bei sich aufzunehmen.

Ernst Zimmer hatte im Frühjahr 1807 ein Haus am Neckar
erworben, den Vorgängerbau des heutigen Museums *Hölderlinturm*. Im Erdgeschoss betrieb er eine Schreinerei und er
vermietete Zimmer an Studenten. Er hatte den *Hyperion*
gelesen und dieser Roman hatte ihn begeistert, weshalb
er gern bereit war, den von ihm bewunderten Dichter in
Pflege zu nehmen. Am 21. September 1807 bezog Hölderlin,

Der ursprüngliche
Fachwerkbau aus de
Spätmittelalter wurc
zwischen 1803 und
1805 umgebaut und
beherbergte des ers
Klinikum Tübingens,
Autenriethsche Klini

nur wenige Meter entfernt von Evangelischem Stift und Klinikum, sein Zimmer. 36 Jahre lang sorgte die Familie für ihn. Nach dem Tod Ernst Zimmers übernahm die jüngste Tochter Lotte die Betreuung des nicht immer einfachen, aber wohlwollend akzeptierten Hausgenossen.

In einem Brief an Hölderlins Mutter vom 19. April 1812 schrieb Ernst Zimmer: „Sein dichterischer Geist zeigt Sich noch immer thätig, so sah Er bey mir eine Zeichnung von einem Tempel Er sagte mir ich solte einen von Holz so machen, ich versetze ihm drauf, daß ich um Brod arbeiten müßte, ich sey nicht so glüklich so in Philosofischer ruhe zu leben wie Er, gleich versetzte Er, Ach ich bin doch ein armer Mensch, und in der nehmlichen Minute schrieb Er mir folgenden Vers mit Bleistift auf ein Brett:
Die Linien des Lebens sind Verschieden
Wie Wege sind, und wie der Berge Gränzen.
Was Hir wir sind, kann dort ein Gott ergänzen
Mit Harmonien und ewigem Lohn und Frieden."

Unterzeichnet hat Hölderlin seine Gedichte oft mit „Scardanelli", einem selbstgewählten Pseudonym, dessen Ursprung im Ort Scardanel in den Schweizer Alpen vermutet wird. Seine Texte datierte er von 1642 bis 1940. Aus Raum und Zeit katapultierte sich der Dichter, der von den Zeitgenossen ehrfürchtig bis misstrauisch aus der Ferne beäugt wurde. Nur wenige ließ er an sich heran, darunter die Familie Zimmer und den jungen Stiftsstudenten Wilhelm Waiblinger. Mit ihm ging er hinauf auf den Österberg in ein von ihm bewohntes Gartenhäuschen. Waiblinger schrieb eine erste Biografie, *Friedrich Hölderlins Leben, Dichtung und Wahnsinn.* Mit seiner Erzählung *Im Presselschen Gartenhaus* setzte Hermann Hesse diesen Treffen und den Schwäbischen Romantikern ein literarisches Denkmal. Zwar empfing Hölderlin in den Jahren durchaus Besucher, darunter Varnhagen von Ense, Christoph Theodor Schwab, seinen Jugendfreund Immanuel Nast aus Maulbronner Tagen, Eduard Mörike und einzelne Familienangehörige, hielt sie sich jedoch mit einer formellen Begrüßung wie „Eure Majestät" oder „gnädiger Herr Pater" auf Distanz.

Die Herausgabe seiner Werke durch Ludwig Uhland und Gustav Schwab 1826 bei Cotta kommentierte Hölderlin mit Unmut. Er schrieb noch immer viel, bevorzugt kurze, klar gebaute Texte, aber der Großteil dieser spätesten Werke ist wohl verloren gegangen. Die überlieferten Texte sind von einer schlichten Schönheit und beinhalten ein wesentliches Thema seines lyrischen Schaffens: die Hoffnung auf ein harmonisches Verbundensein des Menschen mit der von Göttern belebten Natur.

Friedrich Hölderlin liegt auf dem Tübinger Stadtfriedhof begraben, etwa zehn Minuten zu Fuß von der Altstadt

Der Vorgängerbau des heutigen Hölderlinturms wurde durch einen Brand 1875 zerstört und im romantischen Stil wieder aufgebaut. Seit 1921 ist das Gebäude in städtischem Besitz ur[...] schon zu dieser Zeit war darin ein Gedenkraum eingerichtet.

s: Das Hölderlin-
kmal von Emmerich
resen im Alten Botani-
en Garten wird immer
der aus (studenten-)
tischen Anlässen „ver-
önert".

nts: Friedrich Hölder-
Grab mit falschem
urtsdatum, es müsste
März heißen. Die Grab-
hrift lautet: „Im hei-
ten der Stürme falle /
ammen meine Kerker-
nd, / Und herrlicher und
er walle / Mein Geist
unbekannte Land!".
: Das Schicksal

entfernt. Auf dem Weg dorthin lohnt der Gang durch den
Alten Botanischen Garten, dessen einziges Denkmal Friedrich Hölderlin gewidmet ist.

Als Friedrich Hölderlin am 7. Juni 1843 starb, saß an seiner
Seite Lotte Zimmer, die noch in derselben Nacht an den Stiefbruder Karl Gock schrieb, dass „unter tausend Menschen
wenige so sanft sterben wie Ihr geliebter Herr Bruder starb".

Aussicht

Der offne Tag ist Menschen hell mit Bildern,
Wenn sich das Grün aus ebner Ferne zeiget,
Noch eh' des Abends Licht zur Dämmerung sich neiget,
Und Schimmer sanft den Glanz des Tages mildern.

Oft scheint die Innerheit der Welt umwölkt verschlossen,
Des Menschen Sinn von Zweifeln voll, verdrossen,
Die prächtige Natur erheitert seine Tage,
Und ferne steht des Zweifels dunkle Frage.

mit Unterthänigkeit
Scardanelli.

d. 24ten März
1871

DIE HÖLDERLIN-GESELLSCHAFT TÜBINGEN

Die Hölderlin-Gesellschaft gehört zu den großen internationalen literarischen Gesellschaften. Als eingetragener Verein steht sie allen Interessierten aus dem In- und Ausland offen. Im Jahr 2016 gehörten ihr knapp 1000 Mitglieder an – Leser und Freunde von Hölderlins Werk, Wissenschaftler verschiedener akademischer Disziplinen, Musiker, bildende Künstler, Filmemacher, Pädagogen und andere Vermittler. Sie alle unterstützen die in der Satzung festgelegten Ziele der Hölderlin-Gesellschaft: das Interesse und das Verständnis für das Werk Hölderlins zu wecken und zu vertiefen und die Erforschung und Darstellung seines Werkes wie seines Lebens zu unterstützen.

Die Gesellschaft fördert die Hölderlin-Forschung durch eigene Publikationen und durch das Hölderlin-Jahrbuch, das neueste Ergebnisse der Forschung vermittelt, Raum für Rezensionen und Diskussionen bietet und im Zwei-Jahres-Rhythmus erscheint. Die Hölderlin-Gesellschaft arbeitet eng mit dem Hölderlin-Archiv in Stuttgart sowie der Stadt und Universität Tübingen zusammen; sie pflegt und fördert die Verbindung zwischen den verschiedenen Hölderlin-Orten. Zu ihren regelmäßigen Veranstaltungen gehören Vorträge, Lesungen, Kolloquien, Ausstellungen sowie Seminare für Schüler und Studenten. Alle zwei Jahre bilden thematisch ausgerichtete Tagungen, die alternierend in Tübingen und an anderen Orten stattfinden, ein öffentliches Forum des Austausches zwischen Publikum und Fachleuten, Studenten, Schülern, Forschern, Publizisten und Künstlern.

Ihren Sitz hat die Hölderlin-Gesellschaft im Hölderlinturm am Neckar, den sie jahrzehntelang im Auftrag der Stadt Tübingen als Gedenk-, Ausstellungs- und Tagungsstätte verwaltet hat. Auch nach dem geplanten Umbau des Hölderlinturms und der Neugestaltung des dort beheimateten Hölderlin-Museums (Baubeginn 2017) wird die Gesellschaft unverändert ihre Geschäftsstelle im Hölderlinturm behalten.

Die Gesellschaft wird geleitet von einem von den Mitgliedern gewählten siebenköpfigen Vorstand, seit Juni 2018 unter dem Präsidium von Prof. Dr. Johann Kreuzer. Ein Beirat unterstützt den Vorstand in seinen Aufgaben. Ihm gehören Vertreter von Behörden und Institutionen sowie Künstler, Publizisten und Wissenschaftler an, die sich um das Werk Hölderlins verdient gemacht haben.

WALTERSHAUSEN

»Wir müssen große Forderungen an uns machen ...« August 1794

Ende Dezember 1793 kam Hölderlin als Hauslehrer der Familie von Kalb in Waltershausen im Grabfeld an. Seine Arbeitgeberin, Charlotte von Kalb, eine Freundin Friedrich Schillers, war nicht anwesend. Weder der Ehemann Major von Kalb noch der bisherige Hauslehrer wussten von dieser Vereinbarung. Der unscheinbare Ort, die kleine Gemeinschaft im Schloss und die unerwartet große Entfernung von Weimar und Jena waren irritierend für den jungen Mann aus Württemberg – die erste Hauslehrerstelle Hölderlins begann unter wenig glücklichen Umständen.

Waltershausen liegt auch heute noch weitab vom Treiben großer Städte, die Atmosphäre, die Hölderlin vorgefunden hat, ist bis heute nachvollziehbar. Drei Straßen tragen die Namen der Personen, die mit dem ein Jahr währenden Aufenthalt des Dichters in Waltershausen verbunden sind: der Hölderlinweg, der Schillerweg und die Charlotte-von-Kalb-Straße.

Links: Das Schloss u∎ der Schlosspark sind Privatbesitz und könr auf Anfrage besichti∎ werden.

Rechts: Das Zimmer, das Hölderlin währer seines Aufenthalts bewohnte, ist im Stil der damaligen Zeit eingerichtet.

„Das Örtchen, wo ich für jetzt lebe, ist zwar etwas entfernt von Städten und ihren Neuigkeiten und Torheiten, aber seine Lage ist sehr angenehm, und das Schloss steht auf einem der schönsten Hügeln des Tals, und auch der Garten ums Haus gibt mir schon jetzt manche frohe Stunde." So beschrieb Hölderlin im Februar 1794 seiner Großmutter den Ort.

Schloss Waltershausen, ursprünglich um 1620 als Burg erbaut, wurde um 1723 zu einem dreiflügeligen Schloss mit vier Rundtürmen ausgebaut. Bis heute sind die äußere Erscheinung und die räumliche Aufteilung im Innern des Schlosses dieselben wie zur Zeit Hölderlins.
Die Atmosphäre im Schloss mit Besuchen und Gesellschaften erwies sich als lebhafter, als es dem Neuankömmling zunächst erschienen war. Neben seiner Tätigkeit als Hauslehrer ging Hölderlin mit dem Hausherrn auf Jagd und begleitete ihn auf Reisen. Er predigte ab und zu in der Ortskirche, er unternahm Ausflüge und eine mehrtägige Wanderung „aufs Rhöngebirge und ins Fuldaer Land". In seiner freien Zeit arbeitete er intensiv am *Hyperion* und stellte Gedichte fertig, darunter *Das Schicksal*, das Schiller zusammen mit Teilen des *Hyperion* im November 1794 in seiner Zeitschrift *Thalia* veröffentlichte. Besonders beschäftigte er sich mit den Schriften der damals aktuellen Philosophen Herder, Fichte und Kant. Er erhoffte sich eine Verlagerung seiner Arbeitsstelle nach Jena, wo sich Charlotte von Kalb die meiste Zeit aufhielt, und wollte philosophisch gut vorbereitet dort ankommen.

Die Zeit in Waltershausen war von einem regen Briefwechsel mit der Mutter, den Geschwistern und Freunden geprägt. Vor seiner Abreise fürchtete die Mutter, dass die sächsische Küche wenig schmackhaft sein würde, aber Hölderlin fand eine Wiener Köchin vor und richtete sich auch in dem zunächst ruhigen Landleben ein. Im April 1794 schrieb er: „Ich finde jetzt, dass die Sorgen und Grillen doch auch für etwas gut sind. Seit ich keine mehr habe, beginn ich dick zu werden." Es herrschten durchaus familiäre Beziehungen nach Schwaben. Charlotte von Kalb bestellte bei der Mutter „sechs Maße Kirschengeist", dessen Qualität überzeugend gewesen sein muss, wie Hölderlin im Dezember 1794 an seine Mutter schrieb: „Mit dem Kirschengeist haben Sie große Ehre eingelegt. Ich soll Ihnen dafür und für Ihren Brief recht sehr danken."

Friedrich Schiller hatte auf Vorschlag von Gotthold Stäudlin den jungen Theologen als Hauslehrer für den Sohn Fritz empfohlen. Vormittags und nachmittags waren je zwei Stunden Unterricht angesetzt, allerdings erwies sich Fritz von Kalb als schwierig. Bereits in einem Brief an Schiller um Ostern 1794 deutete sich die Problematik an, wesentlich deutlicher beschrieb Hölderlin die Situation seiner Mutter im Januar 1795 von Jena aus: „Dass aber eine gänzliche Unempfindlichkeit für alle vernünftige Lehre, womit ich auf seine verwilderte Natur wirken wollte, in ihm war, dass hier weder ein ernstes Wort Achtung, noch ein freundliches Anhänglichkeit ans Gute hervorbrachte, war für mich freilich eine bittere Entdeckung." Immer wieder berichtete Hölderlin von dem „Übel", von dem der junge Fritz von Kalb befallen war; er neigte zur Selbstbefriedigung. Dieses „Übel" würde nach damaliger Überzeugung zu körperlichem Verfall führen. Hölderlin versuchte diese Neigung durch intensive Überwachung einzudämmen. „Ich ließ ihn keinen Augenblick beinahe von der Seite, bewachte ihn Tag und Nacht aufs ängstlichste." Die von Kalbs unterstützten ihn, sahen die übergroße Anstrengung ihres Hauslehrers, die allerdings ohne Erfolg blieb.
Eine bisher nicht hinreichend gesicherte Wendung der Verhältnisse erfolgte vermutlich im Herbst 1794. Wilhelmine Kirms, die Gesellschaftsdame von Charlotte von Kalb, eine 22-Jährige Witwe aus Meiningen, wurde schwanger. Es ist nicht belegt, ob Hölderlin der Vater dieses Kindes war, aber auch nicht widerlegt. In einem Brief an seine Schwester

schrieb er kurz nach seiner Ankunft in Waltershausen im Januar 1794: „Die Gesellschafterin der Majorin, eine Witwe aus der Lausitz, ist eine Dame von seltnem Geist und Herzen, spricht Französisch und Englisch, und hat soeben die neuste Schrift von Kant bei mir geholt. Überdies hat sie eine sehr interessante Figur. Dass Dir aber nicht bange wird, liebe Rike!"

Historisch gesichert ist, dass Frau von Kalb ihre Gesellschaftsdame im Dezember 1794 nach Meiningen zurückschickte. Dort gebar Wilhelmine Kirms im Juli 1795 ein Mädchen, Luise Agnese, das im September 1796 starb. Frau von Kalb, der Sohn Fritz und Hölderlin siedelten ebenfalls im Dezember 1794 nach Weimar über. Im Januar 1795 lösten sie einvernehmlich die Anstellung auf. Frau von Kalb versah Hölderlin mit Geld für ein Vierteljahr und er zog nach Jena, den Ort seiner Wünsche. Vielleicht wurde so ein Skandal vermieden, vielleicht wurde aber auch nur ein nicht mehr weiter tragfähiges Verhältnis der kleinen Waltershausener Schlossgemeinschaft auf einem guten Weg beendet.

An Neuffer.   Im März. 1794.

Noch kehrt in mich der süße Frühling wieder,
Noch altert nicht mein kindischfröhlich Herz,
Noch rinnt vom Auge mir der Tau der Liebe nieder,
Noch lebt in mir der Hoffnung Lust und Schmerz.

Noch tröstet mich mit süßer Augenweide
Der blaue Himmel und die grüne Flur,
Mir reicht die Göttliche den Taumelkelch der Freude,
Die jugendliche freundliche Natur.

Getrost! es ist der Schmerzen wert, dies Leben,
So lang uns Armen Gottes Sonne scheint,
Und Bilder bessrer Zeit um unsre Seele schweben,
Und ach! mit uns ein freundlich Auge weint.

JENA

»... das Bedürfnis, mir wenigstens einige Zeit selbst zu leben ...« Januar 1795

Jena mit seinen damals etwa 4500 Einwohnern war in der zweiten Hälfte des 18. Jahrhunderts stark vom studentischen Leben geprägt. Die Studenten waren eine wichtige Einnahmequelle für die Bürger der Stadt. An der Universität lehrten bekannte Philosophen und auch Schriftsteller wurden von der freien Geisteshaltung, die die Lehre prägte, angezogen. Das nahe gelegene Weimar war der kulturelle Hauptort, Jena der philosophisch-wissenschaftliche. Das heutige Jena hat um die 100 000 Einwohner, davon etwa 20 000 Studierende.

Hölderlins erster Aufenthalt wurde von Charlotte von Kalb veranlasst; er hielt sich zusammen mit seinem Zögling Fritz von Kalb von Mitte November bis Ende Dezember 1794 in Jena auf. Hölderlin war von der Atmosphäre im Universitätsumfeld beeindruckt. „Der Umgang mit solchen Männern setzt alle Kräfte in Tätigkeit", schrieb er seiner Mutter. Die Aussicht, Vorlesungen zu hören und die eigenen philosophischen Überlegungen weiter auszuarbeiten, erschien verlockend. Der Vermieter Voigt war Buchhändler und betrieb ein Leseinstitut, in dem Studenten gegen eine geringe Gebühr die aktuellen Veröffentlichungen studieren konnten. Hölderlin nutzte gern dieses Angebot, „wo ich immer das Neueste aus der ersten Hand auf einige Tage bekommen kann."

Prägend war der Kontakt zu Schiller, der ihn förderte und sich als eine Art Mentor für den Jüngeren sah. Im März 1795 schrieb er: „Ein Besuch bei Schillern, der ohne Aufhören mich mit Freundschaft und recht väterlicher Güte überhäuft, gibt mir mehr Genuss und Stärkung als jede andere Gesellschaft." Bei ihm kam es zu einer ersten Begegnung mit Goethe, die aber durch Hölderlins Ungeschicklichkeit unglücklich verlief. Er war so auf Schiller fixiert, dass er den berühmten Weimarer einfach übersah. Später am Tag erfuhr er, dass Goethe bei Schiller gewesen war. An den Freund Neuffer schrieb er im November 1794: „Der Himmel helfe mir, mein Unglück, und meine dummen Streiche gut zu machen, wenn ich nach Weimar komme. Nachher speist ich bei Schiller zu Nacht, wo dieser mich so viel möglich tröstete, auch durch seine Heiterkeit, und (...) mich das Unheil, das mir das erste Mal begegnete, vergessen ließ." Im Dezember siedelte Charlotte von Kalb mit ihrem Sohn und Hölderlin nach Weimar über.

Nachdem im Januar 1795 der Vertrag mit der Familie von Kalb gelöst wurde, kehrte er nach Jena zurück. Hölderlin bezog eine Wohnung „neben dem Fichtischen Hause", dem Haus des von ihm sehr geschätzten Philosophen Johann Gottlieb Fichte, und besuchte dessen Vorlesungen. Da es wenige universitäre Räumlichkeiten gab und nicht alle Professoren Gehalt bezogen, war es üblich, dass die Dozenten Vorlesungen in ihren Privathäusern abhielten und dafür Geld erhielten.

Das heutige Museum Romantikerhaus war das Wohnhaus von Johann Gotthold Fich Gartenansicht des 18 erbauten Hauses mit Büsten von August Wilhelm Schlegel, Caroline Schlegel und Friedrich Wilhelm Schelling.

Fichte richtete sogar einen Mittagstisch ein, für den seine Frau kochte und der durchaus beliebt war.

Pläne Hölderlins, länger in Jena zu bleiben, sind in seinen Briefen deutlich formuliert. Er überlegte sogar, eine Dozentenstelle anzustreben. Dieser Aufenthalt wurde für ihn zu einem wichtigen Stimulans für sein philosophisches Denken. In Auseinandersetzung mit der Philosophie Fichtes und mit Schillers *Briefen zur ästhetischen Erziehung* entwickelte er seine eigene Sichtweise, die unter anderem in den Aufsatz *Urteil und Sein* mündete, aber auch in den *Hyperion* eingearbeitet wurde. Schiller hatte ein Fragment des Romans bereits in seiner Zeitschrift *Thalia* veröffentlicht und legte das Werk nun dem Tübinger Verleger Johann Friedrich Cotta ans Herz. Im März schrieb er: „Hölderlin hat einen kleinen Roman (...) unter der Feder. (...) Es wäre mir gar lieb, wenn Sie ihn in den Verlag nehmen wollten." Cotta antwortete:

„Da Sie Hölderlins Hyperion empfehlen, so wollen wir ihn verlegen – wollen Sie ihm dies schreiben? oder sollen wir es tun?"

Die fünf Monate, die Hölderlin in Jena lebte, wurden durch ein reges gesellschaftliches Leben mit Gesprächen über philosophische, geschichtliche und gesellschaftliche Fragen geprägt. Im Haus des Philosophen Immanuel Niethammer traf Hölderlin mit dem Frühromantiker Freiherr von Hardenberg, genannt Novalis, zusammen. Niethammer war ein Freund aus Tübinger Tagen und ein entfernter Verwandter von Hölderlin. Er war inzwischen außerordentlicher Professor geworden und in ihm fand er einen herzlich zugewandten Unterstützer. In einem Brief an den Freund Hegel vom Januar 1795 schrieb Hölderlin von der „Unabhängigkeit, die ich im Grunde jetzt im Leben zum ersten Male genieße".

Das Haus des Verlegers Frommann in der Fätzengasse war ein Treffpunkt der intellektuellen Kreise. Viele namhafte Autoren der damaligen Zeit veröffentlichten in seinem Verlag.

Eine siebentägige Reise zu Fuß, „weil das Bedürfnis nach Bewegung nach dem beständigen Sitzen den Winter über sehr groß" war, führte ihn Ende März/Anfang April nach Halle, Dessau und Leipzig. Besonders die Gestaltung der Landschaftsgärten und die Baukunst in und um Dessau erschien ihm als Verwirklichung einer neu anzustrebenden Vereinigung von Natur und Kultur. Ausführlich schilderte er in einem Brief an die Schwester, wie dieser „Spaziergang" neue Eindrücke für die Ausformung seines Ideals einer Volkserziehung und der Verbindung von Natur und Kultur für eine Weiterentwicklung der Gesellschaft vermittelte. Im April 1795 zog Hölderlin in ein Gartenhaus südlich der Stadtmauer, vermutlich auf halber Höhe des so genannten

Hausbergs, dessen Adresse er beschreibt als „im Schillingschen Brückenthor". Dort wohnte er zusammen mit Isaak von Sinclair. Ihn kannte er bereits, aber wohl eher flüchtig, von Tübingen. Sinclair hatte dort Jura zu studieren begonnen und war dann nach Jena gewechselt. Er war ein ausgesprochener Bewunderer Hölderlins und unterstützte ihn finanziell und mit Hilfe seiner Beziehungen in den schwierigen Jahren nach 1798. Als aktiver Anhänger der Französischen Revolution tat er sich mit der nicht politisierbaren Jenaer Gesellschaft schwer. Später war er im Dienst des Grafen von Hessen-Homburg als Diplomat unterwegs. Zu Hölderlin hatte er offenbar eine besonders innige Zuneigung: „Seine Bildung beschämet mich und gibt mir zur Nachahmung einen mächtigen Reiz; mit diesem strahlenden, liebenswürdigen Vorbild werde ich künftigen Sommer auf einem einsamen Gartenhaus zubringen."

Mitte Mai 1795 trug Hölderlin sich als Hörer in die Matrikel der Universität ein, doch schon Anfang Juni verließ er völlig unerwartet die Stadt. Dieser plötzliche Aufbruch wird bis

So könnte der Blick vom Hausberg aus gewesen sein: „Ich lebe auf einem Gartehause auf einem Ber (…) und wovon ich d ganze Tal der Saale überschaue. Es gleic unserem Neckartale Tübingen, nur dass d Jenischen Berge meh Großes und Wunderbares haben."

heute unterschiedlich interpretiert. Eine beginnende Depression als erstes Vorzeichen einer geistigen Krankheit? Flucht vor Annäherungsversuchen des homoerotisch veranlagten Sinclair oder vor den Studententumulten, in die auch seine Freunde verwickelt waren? Das Wissen um die Geburt seines Kindes aus Waltershausen, dem er nie ein Vater sein könnte? Der zunehmend als ambivalent empfundene Einfluss Schillers? Eine eindeutige Erklärung gibt es bisher nicht. Er ging nach Nürtingen und blieb dort bis Dezember 1795.

Die Unerkannte

Kennst du sie, die selig, wie die Sterne,
Von des Lebens dunkler Woge ferne
Wandellos in stiller Schöne lebt,
Die des Herzens löwenkühne Siege,
Des Gedankens fesselfreie Flüge
Wie der Tag den Adler, überschwebt?

Die uns trifft mit ihren Mittagsstrahlen,
Uns entflammt mit ihren Idealen,
Wie vom Himmel, uns Gebote schickt,
Die die Weisen nach dem Wege fragen,
Stumm und ernst, wie von dem Sturm verschlagen
Nach dem Orient der Schiffer blickt.

Die das Beste gibt aus schöner Fülle,
Wenn aus ihr die Riesenkraft der Wille
Und der Geist sein stilles Urteil nimmt,
Die dem Lebensliede seine Weise,
Die das Maß der Ruhe, wie dem Fleiße
Durch den Mittler, unsern Geist, bestimmt.
…

aus: Die Unerkannte, Januar 1795

FRANKFURT

*»Wen die Götter lieben,
dem wird große Freude
und großes Leid zuteil.«* Februar 1797

Hölderlin traf am 28. Dezember 1795 in der lebhaften und
geschäftigen Handels- und Messestadt Frankfurt ein. Die
Reise war diesmal „beschwerlicher und langwieriger, als
gewöhnlich", wie er der Mutter nach der Ankunft schrieb.
Der Weg führte durch kriegsnahes Gebiet, französische und
österreichische Truppen standen sich am Rhein gegenüber.
Erst seit dem 19. Dezember herrschte Waffenruhe. Über
die damals einzige Brücke über den Main, die *Alte Brücke*,

erreichte er seine erste Unterkunft, das Gasthaus *Zur Stadt Mainz*. Frankfurt hatte damals noch sein altfränkisches Gesicht, die Straßen waren krumm und eng. Doch es war gerade dabei, das spätmittelalterliche Erscheinungsbild abzulegen, und Hölderlin wird die vielen Baustellen bemerkt haben, wo großzügige klassizistische Bauten und breitere Straßen entstanden.

Alte Brücke vom ernen Steg aus ehen.

Die idyllische, weite Landschaft vor den Toren der Stadt stand in schroffem Gegensatz zur Enge und zum Gewimmel innerhalb der Stadttore. Die Innenstadt, in der Hölderlin nun wohnte, war eng bebaut. Bereits damals zählte die Stadt 40 000 Einwohner, heute etwa 710 000, es gab nur wenige größere Plätze wie den Römerberg oder den Rossmarkt. Von Hölderlins Gasthaus aus war das Gontardsche Haus *Zum Weißen Hirsch*, das 1872 abgerissen wurde, schnell zu erreichen. Das prachtvolle, zweigeschossige Palais, umgeben von der größten zusammenhängenden Gartenanlage in der Innenstadt, befand sich am Eingang zum Großen Hirschgraben.

r *Weiße Hirsch* war imposanter Gebäu- komplex mit einer ngangspforte für Kut- hen, einem sehr lan- n Hof zwischen zwei eitenflügeln und meh- ren großen Gesell- haftssälen. Tuschzeich- ng von Carl Theodor eiffenstein 1872.

Die Gontards waren Ende des 17. Jahrhunderts als Glaubensflüchtlinge aus Grenoble nach Frankfurt gekommen. Sie waren reformierte Flüchtlinge, die es in der Handelsstadt schnell zu Reichtum und Ansehen gebracht hatten. Das *Große Kaufhaus*, der Firmenstammsitz, stand auf der Neuen Kräme. Jacob Friedrich Gontard, genannt Cobus, war Teilhaber der Firma und lebte mit seiner Frau Susette und den vier Kindern im *Weißen Hirsch*.

Hölderlin war als Hauslehrer für die Erziehung des Sohnes Henry zuständig, um die drei jüngeren Schwestern kümmerte sich die Erzieherin Marie Rätzer aus Bern. Hölderlin lebte dort von Anfang Januar 1796 bis Ende September 1798. Die Bedingungen im Haus Gontard waren für den jungen Hauslehrer sehr vorteilhaft. „Ich kann mit durchgängiger Ungebundenheit leben, brauche meinem Zögling (...) nur den Vormittag zu widmen, und bekomme jährlich 400 fl, bei dem, dass ich alles frei habe", schrieb er seinem Freund Neuffer im Januar 1796. 400 Gulden bei freier Kost und Logis waren ein stattliches Jahresgehalt, zu dem noch Geldgeschenke zu Messezeiten hinzukamen. Ein Frankfurter Schullehrer musste mit 75 Gulden im Jahr auskommen. Zudem blieb dem jungen Dichter viel freie Zeit, um sich seinen eigenen Dichtungen zu widmen. Neben der endgültigen Fassung des ersten Bandes des *Hyperion* und der Weiterarbeit am zweiten Band entstanden vor allem Oden, epigrammatische Kurzoden, Entwürfe und frühe Fassungen von später ausgeführten Gedichten.

Dem Sonnengott

Wo bist du? trunken dämmert die Seele mir
  Von aller deiner Wonne; denn eben ist's,
    Dass ich gesehn, wie, müde seiner
      Fahrt, der entzückende Götterjüngling

Die jungen Locken badet' im Goldgewölk;
  Und jetzt noch blickt mein Auge von selbst nach ihm;
    Doch fern ist er zu frommen Völkern,
      Die ihn noch ehren, hinweggegangen.

Dich lieb' ich, Erde! trauerst du doch mit mir!
  Und unsre Trauer wandelt, wie Kinderschmerz,
    In Schlummer sich, und wie die Winde
      Flattern und flüstern im Saitenspiele,

Bis ihm des Meisters Finger den schönern Ton
Entlockt, so spielen Nebel und Träum' um uns,
Bis der Geliebte wiederkömmt und
Leben und Geist sich in uns entzündet.

Juli 1798

sette Gontard, Büste
s Bildhauers Landolin
macht, um 1795 ge-
rtigt. Wilhelm Heinse
hreibt über sie: „Ihr
d wird auf immer
r das Ideal ihres
schlechts bleiben."

Die Produktivität Hölderlins erwuchs aber nicht nur aus den günstigen Arbeitsbedingungen im Haus Gontard, sondern auch aus einem für das weitere Leben Hölderlins schicksalhaften Zusammentreffen mit einer Frau, die zur Liebe seines Lebens wurde. Denn auch wenn der Hausherr über die Auswahl des Hauslehrers entschied, so gehörte dieser doch zum häuslich-weiblichen Herrschaftsbereich und teilte sich die Erziehungsarbeit mit der Herrin des Hauses. Als Susette Gontard zum Jahreswechsel 1795/96 Hölderlin kennenlernte, war sie 26 und etwa ein Jahr älter als der Dichter selbst. Sie war belesen, kunstsinnig und an Fragen moderner Pädagogik interessiert.

Hölderlin verliebte sich in die anmutige Susette und die Zuneigung wurde erwidert. Während sich Gontard den Geschäften widmete, verbrachten Susette, Hölderlin, die Erzieherin und die Kinder viel Zeit miteinander. Es wurde gelernt, vorgelesen und musiziert. Susette spielte Klavier, Hölderlin begleitete sie auf der Flöte, Marie Rätzer spielte dazu Gitarre. Sie sprachen über moderne Pädagogik und lasen sich aus der neuesten Literatur vor. Hölderlin ließ

Susette an seinen neu entstehenden Werken Anteil nehmen. Die weibliche Hauptfigur in seinem Briefroman hieß Diotima, wie die Priesterin der Liebe in Platons *Gastmahl*. Nun wurde Susette seine „Diotima". Was als Dichtung angelegt war, reicherte sich in Frankfurt mit Leben an und verwandelte sich schließlich wieder zurück in Poesie. Der erste Band des Romans *Hyperion oder Der Eremit in Griechenland* erschien im April 1797 zur Ostermesse, der zweite Band im Herbst 1799. Susettes Exemplar des zweiten Bandes des *Hyperion* trug die Widmung: „Wem sonst als Dir."

Die Frankfurter Jahre waren für den Dichter Hölderlin äußerst produktiv, was sich auch dieser romantisch-tragischen Liebesbeziehung zweier Seelenverwandter verdankte. An seinen Freund Neuffer schrieb er Ende Juni 1796 von seiner Liebe: „Ich bin in einer neuen Welt. Ich konnte wohl sonst glauben, ich wisse, was schön und gut sei, aber seit ich's sehe, möcht' ich lachen über all' mein Wissen. Lieber Freund! es gibt ein Wesen auf der Welt, woran mein Geist Jahrtausende verweilen kann und wird, (...). Lieblichkeit und Hoheit, und Ruh und Leben, u. Geist und Gemüt und Gestalt ist ein seliges Eins in diesem Wesen." Und über sein dichterisches Schaffen schrieb er: „Dass ich jetzt lieber dichte, als je, kannst Du Dir denken."

Die Sommermonate verbrachte die Familie Gontard in einem Landhaus, um der drangvollen Enge der Innenstadt zu entfliehen. Gontard hatte den Sommersitz der Familie du Fay auf der Pfingstweide vor dem Neuen Tor, heute Zoologischer Garten, gemietet. Die Woche über war der Hausherr zu Geschäften in der Stadt, während die anderen viel Zeit draußen im Freien verbrachten. Marie Rätzer schrieb an eine Freundin, „den ganzen Morgen ist Frau Gontard mit Hölderlin oben in der Laube und im Kabinett des Gartens." Diese Idylle erfährt auch ihren Ausdruck in Hölderlins Lyrik. Im Gedicht *Diotima*, von dem sich das Bruchstück einer älteren Fassung in der Abschrift Susette Gontards erhalten hat, heißt es:

Diotima

Lange tot und tiefverschlossen,
Grüßt mein Herz die schöne Welt,
Seine Zweige blühn und sprossen,
Neu von Lebenskraft geschwellt;
O! ich kehre noch ins Leben,
Wie heraus in Luft und Licht,
Meiner Blumen selig Streben
Aus der dürren Hülse bricht.
...

Nun ich habe dich gefunden!
Schöner, als ich ahnend sah
In der Liebe Feierstunden,
Hohe, Gute! bist du da;
O der armen Phantasien!
Dieses Eine bildest nur
Du in deinen Harmonien
Frohvollendete Natur!
...

aus: Diotima, ältere Fassung, vermutlich Juni 1796

Das Jahr 1796 war gekennzeichnet durch einen besonderen Einschnitt, denn Jakob Gontard schickte seine Familie unter der Obhut des Hauslehrers Hölderlin aus der kriegsgefährdeten Zone, ursprünglich mit dem Ziel Hamburg, der Heimatstadt von Susette. Die Reise führte dann aber über Kassel nur bis nach Driburg.
Den darauffolgenden Sommer des Jahres 1797 verbrachte die Familie in einem anderen Sommerhaus, dem Adlerflychthof.

Ende April 1797 schrieb Hölderlin seiner Schwester über das „Landhaus bei der Stadt": „Das Haus selbst ist trefflich gemacht und man wohnt mitten im Grünen, am Garten unter Wiesen, hat Kastanienbäume um sich herum und Pappeln, und reiche Obstgärten und die herrliche Aussicht aufs Gebirg." Heute erinnert nur noch der Name „Adlerflychtplatz" an dieses Anwesen. Auch die Hecke gibt es nicht mehr, durch die hindurch sich Hölderlin und Susette später sahen, sprachen und Liebesbriefe zuschoben.

Bereits nach der Rückkehr aus dem Landhaus zur Herbstmesse Ende September fiel es Hölderlin schwer, sich wieder in den großbürgerlichen Lebensstil zu schicken, der im Haus Gontard herrschte. Er klagte über seine geringe gesellschaftliche Stellung im Haus des Bankiers, in dem „beständig Besuche, Feste und Gott weiß! was alles" zum Alltag gehörten, und wo er „überall das fünfte Rad am Wagen" sei. Immerhin war im Januar 1797 Georg Wilhelm Friedrich Hegel in Frankfurt am Main eingetroffen, der auf Vermittlung Hölderlins im Haus des Weingroßhändlers und Senators Johann Noë Gogel eine Stelle als Hauslehrer bekommen hatte. Hegel wohnte nur wenige Schritte von Hölderlin entfernt im Haus *Zur Goldenen Kette* auf dem Rossmarkt, wo damals auch Goethes Mutter, Catharina Elisabeth Goethe, lebte. Am 22. August 1797 traf Hölderlin mit Johann Wolfgang von Goethe zusammen, der gerade seine Vaterstadt besuchte.

Das Denkmal auf dem Rossmarkt zeigt Johannes Gutenberg, den Erfinder des Buchdrucks, Johannes Fust und Peter Schöffer, zwei seiner damaligen Mitarbeiter. Es ist ein Werk des Bildhauers Eduard Schmidt von der Launitz und wurde im Oktober 1858 eingeweiht.

In Frankfurt sorgte die Beziehung zwischen dem Hofmeister und der Hausherrin bald für Gerüchte. Es kam zu Spannungen und schließlich zum Eklat. Nach einem Streit mit dem Hausherrn verließ Hölderlin am 25. September 1798 fluchtartig seine Stelle. Nach Frankfurt kam er nun nur noch von Homburg aus, um Susette heimlich zu sehen.

Jeden ersten Donnerstag im Monat, so war es verabredet, machte sich Hölderlin auf den Weg, um die Geliebte kurz, manchmal nur für einen Augenblick, zu sehen. Seine Frankfurt-Besuche verband er oft mit einem Besuch bei Hegel. Gelegentlich blieb er und übernachtete im *Weidenhof* auf der Zeil, dem Gasthaus, das einst Goethes Großvater gehörte. Die meisten heimlichen Treffen fanden an der Hecke des Adlerflychthofs statt. Die beiden mussten vorsichtig sein. „(...)wenn es in der Stadt 10 Uhr schlägt, erscheinst Du an der niedrigen Hecke, nahe bei den Pappeln", schrieb Susette, „ich werde dann oben an meinem Fenster mich einfinden, und wir können uns sehen". Solche Treffen mussten gut geplant sein: Hölderlin mit dem Stock auf der Schulter, Susette mit einem weißen Tuch und das Fenster schließend, als „ein Zeichen, dass ich herunter komme", und dass sich beide in der Laube treffen können.

Etwa ein Dutzend Mal sahen sich die beiden, zuletzt am 8. Mai 1800. Susette Gontards letzter erhaltener Brief an Hölderlin endet mit den Worten, „drum lass uns mit Zuversicht unsern Weg gehen und uns in unsern Schmerz noch glücklich fühlen und wünschen, dass er lange lange noch für uns bleiben möge, weil wir darin vollkommen edel fühlen und gestärkt werden in unseren Seelen. Leb wohl! Leb wohl! der Segen sei mit Dir."

Im Juni 1802 infizierte sich Susette Gontard bei der Pflege ihrer an Röteln erkrankten Kinder und überlebte die an sich harmlose Infektion aufgrund ihres schlechten Allgemeinzustandes nicht. Sie starb in Frankfurt am 22. Juni 1802.

Ein Hölderlin-Denkmal findet sich in der Mainmetropole. Die Bronzeplastik stammt von Hans Mettel und wurde 1957 zum 125-jährigen Bestehen einer Versicherungsgesellschaft im Park eines ehemaligen Gontard-Hauses in der Bockenheimer Landstraße 42 / Ecke Freiherr-vom-Stein-Straße aufgestellt. Dort sieht man eine überlebensgroße Jünglingsfigur auf einem Sockel stehen und links daneben befindet sich ein Gedenkstein.

DRIBURG

»In unserem Bade lebten wir sehr still …« Oktober 1796

Das staatlich anerkannte Heilbad Bad Driburg verdankt seine Bekanntheit vor allem den seit 1593 bekannten, in bis zu 70 Meter Tiefe liegenden, kohlensäurehaltigen Heil- und Mineralquellen. Bad und Park bilden eine Einheit mit einem historisch gewachsenen Gebäudeensemble, heute unter dem Namen *Gräflicher Park Bad Driburg*.

Der Eigentümer des Kurbades Driburg, Caspar Heinrich Graf von Sierstorpff, vermeldete in einem Brief an seine Frau: „Hier ist alles vorbei, und die Paar Leute, die hier sind, werden in den nächsten Tagen abgehen. Nur die Gontardsche Familie wird hier auf unbestimmte Zeit bleiben, man sieht sie fast gar nicht, sie bleiben immer auf ihren Zimmern, eine Anekdote davon mündlich." Diese angekündigte Anekdote blieb tatsächlich mündlich. Bis heute rätseln Literaturwissenschaftler und Hölderlin-Leser, was der Graf andeuten wollte.

Am 10. Juli 1796 brach eine Reisegruppe von Frankfurt aus auf, um dem sich nähernden Krieg zu entfliehen. Ganze Ströme von Flüchtlingen waren auf den Straßen nach Hessen-Kassel unterwegs, das als kriegsneutrales Gebiet von den Kämpfen verschont war. Der Bankier Gontard schickte seine Frau Susette, die vier Kinder, die Erzieherin der Mädchen, seine Mutter und eine unverheiratete Schwester unter der Obhut des Hauslehrers Hölderlin aus der Gefahrenzone.

Der erste Aufenthalt war in Kassel. Zur Reisegruppe gesellte sich der mit der Familie befreundete Schriftsteller und Bibliothekar Wilhelm Heinse. In Kassel entstand gerade die bis heute erhaltene Gartenanlage Wilhelmshöhe mit den berühmten Wasserspielen. Die Reisenden besuchten die Sammlung antiker Statuen im *Fridericianum*, das eines der ersten Museen in Europa war. Seit 1955 ist es der Ort der alle fünf Jahre stattfindenden *Documenta*. An den Bruder schrieb Hölderlin am 6. August 1796 über die Landschaft: „Die Natur, die einen hier umgibt, ist groß und reizend." Und zu den besichtigten Kunstwerken merkt er an, die „Gemäldegalerie und einige Statuen im Museum machten mir wahrhaft glückliche Tage".

Am 9. August reiste die Gruppe auf den Rat Heinses hin weiter. Man fuhr „über die Weser, über kahle Berge, schmutzige unbeschreiblich ärmliche Dörfer und noch schmutzigere, ärmlichere holperige Wege" nach Driburg. Das kleine, aber aufstrebende Kurbad war 14 Jahre zuvor gegründet worden und war noch eine Art Geheimtipp, wurde aber zunehmend bekannter für sein heilsames Wasser. Damals hatte Driburg etwa 1500 Einwohner, heute zählt es ungefähr 19 000.

Sechs Wochen blieb die Familie Gontard mit ihren Begleitern am Ort. Hölderlin schrieb nach seiner Rückkehr nach Frankfurt am 13. Oktober an seinen Bruder: „In unserem Bade lebten wir sehr still und machten weiters keine Bekanntschaften, brauchten auch keine, denn wir wohnten unter herrlichen Bergen und Wäldern und machten unter uns selbst den besten Zirkel aus. Heinse reiste und blieb mit uns. Ich brauchte das Bad ein wenig und trank das köstliche stärkende und reinigende Mineralwasser und befinde mich ungewöhnlich gut davon."

Links: Auf einer Insel im Ententeich des Gräflichen Parks steht die Büste Susette Gontards mit Blickrichtung zum Hölderlin-Hain.

Rechts: Der Hölderlin-Hain mit einer Silhouette Hölderlin

Für Hölderlin und Susette war dieser Aufenthalt eine Auszeit aus den gesellschaftlichen Verpflichtungen einer in reichen Verhältnissen lebenden Ehefrau und einem seiner erzieherischen Aufgabe verpflichteten Hauslehrer. Nach wie vor wird darüber spekuliert, wie nah sich die beiden in diesen Wochen gekommen sind.

Das Unverzeihliche

Wenn ihr Freunde vergeßt, wenn ihr den Künstler höhnt,
Und den tieferen Geist klein und gemein versteht,
Gott vergibt es, doch stört nur
Nie den Frieden der Liebenden.

April 1798

In der Korrespondenz Hölderlins ist die Zeit in Driburg gekennzeichnet durch das Fehlen von Briefen, was auf eine ausgefüllte Zeit und ein enges gesellschaftliches Miteinander der Reisenden schließen lässt. Ein Briefabschnitt Hölderlins

vom Juni 1799 könnte sich auf diese Zeit des ländlichen Glücks beziehen: „Erinnerst Du Dich unserer ungestörten Stunden, wo wir und wir nur umeinander waren? Das war Triumph! beide so frei und stolz und wach und blühend und glänzend an Seel und Herz und Auge und Angesicht, und beide so in himmlischem Frieden nebeneinander!"

HOMBURG VOR DER HÖHE

»... und all die liebe Mühe,
ohne die der Schriftsteller
nichts werden kann ...« September 1799

ERSTER AUFENTHALT

Als Friedrich Hölderlin Ende September 1798 in Homburg
eintraf, hatte die Residenz eines der kleinsten deutschen
Fürstentümer, Hessen-Homburg, wenig gemein mit der
mondänen Kurstadt, die sie im 19. Jahrhundert werden
sollte. Bad Homburg v. d. Höhe, wie die Stadt amtlich heißt,
hat heute 52 000 Einwohner. Ackerbürgertum und Hand-

werk prägten den kleinen Ort, der sich östlich und südöstlich des Schlosses angesiedelt hatte und zu Hölderlins Zeit ungefähr 3000 Einwohner zählte.

Der Homburger Regierungsrat Isaak von Sinclair, Freund und Förderer Hölderlins, hatte ihm Kost und Logis im Haus des Hofglasers Georg Wagner in der Haingasse 36 vermittelt, das 1819 der Begradigung der Straße zum Opfer fiel. Hier hoffte er, sich „durch ungestörte Beschäftigung endlich einen geltenden Posten in der gesellschaftlichen Welt vorzubereiten."

Hölderlin wollte sich als freier Schriftsteller etablieren, zudem bot die Nähe zu Frankfurt die Möglichkeit zu heimlichen Treffen mit Susette Gontard. Seiner Mutter schrieb er im Oktober 1798: „Durch Schriftstellerarbeit und sparsame Wirtschaft (...) hab' ich mir (...) 500 fl zusammengebracht. Mit fünfhundert Gulden, glaub' ich, ist man in jedem Orte der Welt, der nicht so teuer ist, wie Frankfurt, wenigstens auf ein Jahr von ökonomischer Seite völlig gesichert." Er wolle „mit lebendiger Kraft ein Jahr lang in den höheren und reineren Beschäftigungen" leben, zu denen habe ihn „Gott vorzüglich bestimmt".

Die Familie in Nürtingen wusste zu diesem Zeitpunkt nichts von der Liebesbeziehung. Man wartete darauf, dass Hölderlin heimkäme. Seiner Schwester schrieb er im März 1799: „... ich wohne gegen das Feld hinaus, habe Gärten vor dem Fenster und einen Hügel mit Eichbäumen, und kaum ein paar

Schritte in ein schönes Wiestal. Da geh' ich dann hinaus, wenn ich von meiner Arbeit müde bin, steige auf den Hügel und setze mich in die Sonne, (...) und diese unschuldigen Augenblicke geben mir dann wieder Mut und Kraft zu leben und zu schaffen."

Wohl geh ich täglich …

Wohl geh' ich täglich andere Pfade, bald
  Ins Grüne im Walde, zur Quelle bald,
    Zum Felsen, wo die Rosen blühen,
      Blicke vom Hügel ins Land, doch nirgend

Du Holde, nirgend find ich im Lichte dich
  Und in die Lüfte schwinden die Worte mir
    Die frommen, die bei dir ich ehmals

Ja ferne bist du, seliges Angesicht!
  Und deines Lebens Wohllaut verhallt, von mir
    Nicht mehr belauscht, und ach! wo seid ihr
      Zaubergesänge, die einst das Herz mir

Besänftiget mit Ruhe der Himmlischen?
  Wie lang ist's! o wie lange! der Jüngling ist
    Gealtert, selbst die Erde, die mir
      Damals gelächelt, ist anders worden.

Leb immer wohl! es scheidet und kehrt zu dir
  Die Seele jeden Tag, und es weint um dich
    Das Auge, dass es helle wieder
      Dort wo du säumest, hinüberblicke.

Frühjahr 1800

Die Jahre in Homburg zählen zu den fruchtbarsten im Schaffen Hölderlins. Hier entstanden Entwürfe, Überarbeitungen und Reinschriften: *Abendphantasie, Die Eichbäume,*

Der Wanderer (zweite Fassung), *Der Archipelagus* und weitere. Kunst und Natur, eigene Ideale und gesellschaftliche Zwänge, Ruhe und Ruhelosigkeit, Heimat und Unbehaustheit waren Themen, die er in seinen Gedichten bearbeitete. „Bornierte Häuslichkeit", das Gebundensein an die eigene Erdscholle, war für Hölderlin unvorstellbar, wie er seinem Bruder schrieb.

Abwechslung von der intensiven schriftstellerischen Tätigkeit brachten Besuche von Freunden und die Reise zum Rastatter Kongress im November 1798 an der Seite seines Freundes von Sinclair, der in dienstlichem Auftrag unterwegs war.

Vor dem Hintergrund der Französischen Revolution und des griechischen Kampfes um Unabhängigkeit vom Osmanischen Reich konzipierte Hölderlin in seinem Briefroman *Hyperion oder Der Eremit in Griechenland* eine gesellschaftliche Utopie. „Wo ein Volk das Schöne liebt, wo es den Genius in seinen Künstlern ehrt, da weht, wie Lebensluft, ein allgemeiner Geist, da öffnet sich der scheue Sinn, der Eigendünkel schmilzt, und fromm und groß sind alle Herzen." (2. Band, 7. Brief) Im Herbst 1799 erschien der zweite Band des *Hyperion*. In einem Brief an Susette vom November schrieb Hölderlin: „Hier unsern Hyperion, Liebe! Ein wenig Freude wird diese Frucht unserer seelenvollen Tage Dir doch geben." Noch während seiner Arbeit am Roman beschäftigte er sich intensiv mit einer schon seit Jahren bestehenden Idee zu einem Trauerspiel, das den Titel *Der Tod des Empedokles* tragen sollte.

Hölderlin plante auch die Herausgabe einer eigenen Zeitschrift *Iduna*, die unter dem Leitgedanken stehen sollte, dass Poesie die Lehrerin der Menschheit und die Grundlage jeder Religion, Philosophie und Ethik sei. Es gelang ihm nicht, die für einen Erfolg nötigen bekannten Namen für Beiträge zu gewinnen. Seine Verhandlungen mit dem Stuttgarter Verleger Steinkopf wurden zu einer herben Enttäuschung, da dieser in erster Linie ökonomische Interessen hatte.

Im September 1799 schrieb Hölderlin an Susette Gontard:
„Nur die Ungewissheit meiner Lage war die Ursache, warum
ich bisher nicht schrieb. Das Projekt mit dem Journale,
wovon ich Dir schon, nicht ohne Grund, mit so viel Zuver-
lässigkeit schrieb, scheint mir scheitern zu wollen." Auch
der Tod seines Schwagers Breunlin und die Hilfe, die seine
Schwester nun brauchte, sowie schlichter Geldmangel – er
musste seine Mutter wieder um Unterstützung bitten –
bedingten das Ende der ersten Homburger Jahre im Juni 1800.

Der Homburger
Baumeister Louis
Jacobi entwarf das
Hölderlin-Denkmal a
rotem Sandstein im
Kurpark.

ZWEITER AUFENTHALT

Wegen Hölderlins beunruhigender geistiger Verfassung holte
Sinclair den Freund im Sommer 1804 von Nürtingen nach
Homburg und besorgte ihm eine Stelle als Landgräflicher
Bibliothekar, dessen Gehalt er aus eigener Tasche bezahlte,
um ihm ein gesellschaftliches und persönliches Fundament
zu schaffen. Hölderlin wohnte bei seinem zweiten Aufent-

hurgerade führt die
otheenstraße vom
Goss zur Innenstadt.
r haben mehrere
urelle Einrichtungen
n Sitz.

halt in der Dorotheenstraße 36; vom Haus ist lediglich die
Eingangstür erhalten geblieben. Wegen seiner zunehmenden
Tobsuchtsanfälle musste er ausziehen und lebte dann in der
Haingasse 38. Auch dieses Haus ist nicht erhalten.
Parallel zum einstigen zentralen Verkehrsweg Louisenstraße
entwickelte sich im 18. Jahrhundert die Dorotheenstraße.
Hier siedelten sich vor allem Beamte und wohlhabende
Bürger an. In der heutigen „Kulturmeile Dorotheenstraße"
haben namhafte kulturelle Einrichtungen ihren Sitz.

Durch diese Anstellung als Bibliothekar bekam Hölderlin
direkten Kontakt zum Hof des Landgrafen Friedrich. Dessen
Tochter, Prinzessin Auguste, verehrte Hölderlin, seinen *Hyperion* kannte sie auswendig, ihre romantischen Gefühle für
ihn hat sie ihm allerdings nie offenbart. Für den Landgrafen,
der sich selbst einmal als „Friedrich der Einsiedler" bezeich-
nete, waren Regierungsgeschäfte eher eine notwendige Last,
lieber beschäftigte er sich mit religiösen Fragen. Bei Friedrich
Gottlieb Klopstock erbat er sich ein Gedicht, das das Wesen
des christlichen Glaubens darstellen sollte. Klopstock lehnte
aus Altersgründen ab. Hölderlin war bereit, ein solches Werk
zu verfassen, und Sinclair überreichte Landgraf Friedrich zu
dessen 55. Geburtstag das Gedicht *Patmos*:

Nah ist
Und schwer zu fassen der Gott.
Wo aber Gefahr ist, wächst
Das Rettende auch.
Im Finstern wohnen
Die Adler und furchtlos gehn
Die Söhne der Alpen über den Abgrund weg
Auf leichtgebaueten Brücken.
Drum, da gehäuft sind rings
Die Gipfel der Zeit, und die Liebsten
Nah wohnen, ermattend auf
Getrenntesten Bergen,
So gib unschuldig Wasser,
O Fittiche gib uns, treuesten Sinns
Hinüberzugehn und wiederzukehren.
...

aus: Patmos, erste Fassung, Januar 1803

Der sogenannte Hochverratsprozess gegen Sinclair und andere
Freunde war ein einschneidendes
Ereignis in Hölderlins Leben.
Sinclair und andere wurden von
Alexander Blankenstein beim
württembergischen Kurfürsten
wegen Hochverrats denunziert.
Sie wurden in Stuttgart ange-
klagt, verhaftet und ausgeliefert,
jedoch aus Mangel an Beweisen wieder freigelassen. Für
Hölderlin war das gleichwohl mehr, als er hätte ertragen
können. Sein Geisteszustand verschlimmerte sich rapide.
Sinclairs Reputation war beschädigt; mit der Auflösung
der Landgrafschaft 1806 fiel zudem die berufliche Stel-
lung Sinclairs und mit ihr die an sein Gehalt geknüpfte
Stelle Hölderlins als Hofbibliothekar weg. Letztlich blieb
Sinclair nichts anderes übrig, als Hölderlins Mutter um die

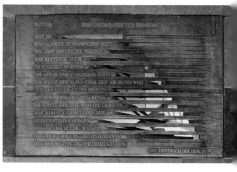

Der Beginn des
Gedichtes *Patmos*
ziert die Abdeckung
des Einganges der
landgräflichen Fami-
liengruft, die der
Künstler Horst Hoheis
geschaffen hat. Sie
kann in den Gewölber
unter der Schlosskirch
besichtigt werden.

Heimholung seines geistig verwirrten Freundes zu bitten, „dessen Wahnsinn eine sehr hohe Stufe erreicht" habe. Am 11. September 1806 wurde Hölderlin gegen seinen Willen in eine Kutsche gezwungen, die ihn nach Tübingen brachte.

Ab 1801 oder 1802 legte Hölderlin eine Sammlung von Texten an, die wohl als Gesamtwerk gedacht war. Diese Sammlung aus 22 ineinandergelegten Bögen und einem losen Doppelblatt wird als *Homburger Folioheft* bezeichnet. Es ist das wichtigste erhaltene Manuskript Hölderlins. Wesentliche Texte seiner späten, reifen Schriften sind darin enthalten, aber auch Entwürfe, Notizen, Überarbeitungen. Die Textsammlung befand sich im Besitz von Hölderlins Neffen Fritz Breunlin und wurde auf Wunsch des Homburger Stadtbibliothekars Johann Georg Hamel in

den 1850er-Jahren zu Forschungszwecken nach Homburg verbracht, wo sie schließlich als Schenkung auch blieb. Seit 1974 wird die kostbare Handschrift aus konservatorischen Gründen in der Württembergischen Landesbibliothek in Stuttgart aufbewahrt.

der Villa Wert-
mber entsteht eine
denkstätte zu Fried-
h Hölderlin in der
eitläufigen Anlage
r Gustavsgärten, der
oßzügigen Parkland-
haft der früheren
ndgrafschaft
ssen-Homburg.

Ein Hölderlinpfad, der auf 22 Kilometern Frankfurt am Main und Bad Homburg v. d. Höhe verbindet, erinnert an Hölderlins Aufenthalte in der Region. Er beginnt am Sinclair-Haus in Bad Homburg und endet am Frankfurter Goethe-Haus und Deutschen Romantik-Museum. Die Stadt verleiht jährlich den Friedrich-Hölderlin-Preis und einen Förderpreis für herausragende literarische Leistungen.

STUTTGART

»Ich fühlte den ewigen Lebensmut ...« Januar 1801

Die Landeshauptstadt Stuttgart zählt heute um die 600 000
Einwohner, Ende des 18. Jahrhunderts beherbergte die Residenzstadt ungefähr 15 000 Einwohner. Wer sich heute auf
den Spuren Friedrich Hölderlins durch Stuttgart bewegen
will, beginnt diese Tour am besten im Osten, an einem der
weniger bekannten Aussichtspunkte hoch über der Stadt,
dem Albrecht-Goes-Platz auf der Gänsheide. Hier kann man,
wie Hölderlin in seiner Elegie *Stuttgart* beschreibt, den Blick
ungestört in das „glänzende Tal" schweifen lassen.
Als Hölderlin im Juni 1800 für ein halbes Jahr nach Stuttgart zog, um dort als Privatier im Hause des gleichaltrigen

befreundeten Kaufmanns Christian Landauer Atem zu
schöpfen zwischen den aufreibenden Hofmeisterstellen und
den kurz zuvor gescheiterten Zukunftsplänen wie der Grün-
dung eines Journals, waren die Hänge des Stuttgarter Talkes-
sels noch nicht bebaut, sondern von Obstgärten, Weinbergen
und Wäldern gesäumt.

. . .

Aber indes wir schaun und die mächtige Freude durchwandeln,
 Fliehet der Weg und der Tag uns, wie den Trunkenen, hin.
Denn mit heiligem Laub umkränzt erhebet die Stadt schon
 Die gepriesene, dort leuchtend ihr priesterlich Haupt.
Herrlich steht sie und hält den Rebenstab und die Tanne
 Hoch in die seligen purpurnen Wolken empor.
Sei uns hold! dem Gast und dem Sohn, o Fürstin der Heimat!
 Glückliches Stuttgart, nimm freundlich den Fremdling mir auf!

. . .

aus: Stuttgart, erste Fassung, Herbst 1800

Ob die Monate zwischen Juni und Ende Dezember 1800 auch
für Hölderlin eine „glückliche", beheimatete Zeit bedeuteten,
darüber gehen die Meinungen auseinander. Das Haus des
Tuchhändlers Christian Landauer lag mitten im Herzen der
Stadt, schräg gegenüber der Hauptwache auf dem Großen
Graben, der späteren Königstraße, und neben dem dama-

s zweite Haus von
ks war das Haus der
nilie Landauer, in der
dmitte das *Gymna-*
m illustre.

ligen Stuttgarter Gymnasium in der Gymnasiumgasse. Über
zwei der berühmten Stuttgarter Treppen, genannt „Stäffele",
die Georg-Elser-Staffel und die Sünder-Staffel, und weiter
über die Uhlandstraße führt der Weg ins Zentrum der Stadt.
Der Dichter Ludwig Uhland hat zusammen mit Gustav
Schwab 1826 die erste Gedichtausgabe Hölderlins herausgegeben. Am Ende der Uhlandstraße angekommen, sieht man
rechts den Bau der Württembergischen Landesbibliothek,
in deren Tresoren rund 80 Prozent von Hölderlins Handschriften aufbewahrt werden. Hier ist das Hölderlin-Archiv
angesiedelt (siehe Seite 98). Als zentrale Arbeitsstelle der
internationalen Hölderlin-Forschung steht sie allen Interessierten nach Voranmeldung offen.

Der weitere Weg führt über den Charlottenplatz und streift
dort den wuchtigen Bau des Alten Waisenhauses. Hier
wohnte und arbeitete seit September 1791 Hölderlins Dich-
terfreund Christian Ludwig Neuffer als Pfarrverweser.
Hölderlin hatte den ein Jahr älteren, aus Stuttgart stam-

Das „Alte Waisenha
zählt zu den weniger
erhaltenen Gebäude
in Stuttgart, in denen
Hölderlin nachweisli
ein und aus ging.

menden und dichterisch ambitionierten Theologiestudenten
auf dem Tübinger Stift kennengelernt und schon in den
Semestervakanzen immer wieder in Stuttgart besucht. Über
Neuffer lernte Hölderlin 1795 auch dessen Stuttgarter

Königstraße ist ttgarts Flanier- und kaufsmeile.

Jugendfreund Christian Landauer kennen. Das Haus der Familie Landauer befand sich im damaligen und heutigen Zentrum der Stadt, im Bereich Königstraße 48-52. Wie so oft in Stuttgart handelt es sich hier um einen größeren Neubaukomplex. Schon zwei Mal waren hier Gedenktafeln zur Erinnerung an Hölderlins Wohnstätte angebracht und sind bei Umbaumaßnahmen wieder verschwunden. Hölderlin erholte sich sichtlich in Stuttgart. Dazu trugen sicherlich die zwanglose Geselligkeit im Haus des republikanisch gesinnten Landauer bei, der gute Beziehungen zu den literarischen Kreisen und Künstlern der Stadt hatte.

Auch die herzliche Wiederaufnahme Hölderlins unter seinen Stuttgarter Bekannten und der unbekümmerte Umgang mit den vier Kindern im Hause, die Leichtigkeit der gelegentlichen Privatlektionen, durch die Hölderlin seinen Unterhalt teilweise finanzieren konnte – all dies trug zur physischen und psychischen Entspannung des Dichters bei und ermöglichte Hölderlin die Konzentration auf sein „Tagewerk". Vor allem Überarbeitungen und Reinschriften von Gedichten wurden in dieser Zeit angelegt, wie zum Beispiel: *Elegie*, *Dichtermut*, *Der gefesselte Strom*, *Ermunterung*. Er war jedoch wieder auf finanzielle Unterstützung angewiesen, in einem Brief an die Mutter vom Juni 1800 argumentierte er: „Sonst habe ich eben manche Ausgabe machen müssen, um mich vollends in meiner kleinen Wirtschaft einzurichten."

Der gefesselte Strom

Was schläfst und träumst du, Jüngling, gehüllt in dich,
    Und säumst am kalten Ufer, Geduldiger,
        Und achtest nicht des Ursprungs, du, des
            Ozeans Sohn, des Titanenfreundes!

Die Liebesboten, welche der Vater schickt,
    Kennst du die lebenatmenden Lüfte nicht?
        Und trifft das Wort dich nicht, das hell von
            Oben der wachende Gott dir sendet?

Schon tönt, schon tönt es ihm in der Brust, es quillt,
    Wie, da er noch im Schoße der Felsen spielt',
        Ihm auf, und nun gedenkt er seiner
            Kraft, der Gewaltige, nun, nun eilt er,

Der Zauderer, er spottet der Fesseln nun,
    Und nimmt und bricht und wirft die Zerbrochenen
        Im Zorne, spielend, da und dort zum
            Schallenden Ufer und an der Stimme

Des Göttersohns erwachen die Berge rings,
    Es regen sich die Wälder, es hört die Kluft
        Den Herold fern und schaudernd regt im
            Busen der Erde sich Freude wieder.

Der Frühling kommt; es dämmert das neue Grün;
    Er aber wandelt hin zu Unsterblichen;
        Denn nirgend darf er bleiben, als wo
            Ihn in die Arme der Vater aufnimmt.

1800

Als Hölderlin am 20. Juni 1800 – zunächst auf unbestimmte Zeit, doch bald schon wieder auf der Suche nach einer neuen Hofmeisterstelle – nach Stuttgart kam, war ihm die württembergische Haupt- und Residenzstadt keineswegs fremd. Durch Neuffers Vermittlung hatte Hölderlin im April 1789 Christian Friedrich Daniel Schubart kennengelernt und war auch ins Haus des verehrten Dichters Gotthold Stäudlin gekommen, eine Beziehung, die sich schnell zur Freundschaft entwickelte, in die auch die drei Schwestern Stäudlins einbezogen waren. Sie kamen in den Genuss, Hölderlins erste, heute als verschollen geltende Tübinger Fassung des *Hyperion* zu hören. Stäudlin, ein begeisterter Anhänger der Französischen Revolution, der sich 1796 bei Straßburg das Leben nahm, veröffentlichte als Erster Hölderlins Gedichte.

Das Landexamen, auch Besuche bei Freunden waren Anlässe, zu denen Hölderlin schon früher in die Residenz kam. Doch auch nach Abschluss seines Theologiestudiums führte Hölderlins Weg zwischen den wechselnden Hofmeisterstellen immer wieder nach Stuttgart. Wie das Haushaltsbuch der Mutter verrät, waren es durchaus auch profane Dinge wie die standesgemäße Ausstattung des jungen Mannes, die ihn in die Residenzstadt kommen ließen, Stuttgarter Schuhmacher und Schneider staffierten Hölderlin für seinen Dienst in den noblen Häusern aus.

Im Spätherbst 1795 besuchte Hölderlin auch Schelling, der seit November 1795 als Hofmeister in Stuttgart arbeitete und bei dem Stuttgarter Gymnasialprofessor Friedrich Jakob Ströhlin in der Schönfärbgasse wohnte, heute Josef-Hirn-Platz, direkt hinter Hegels Geburtshaus in der Eberhardstraße 53. Ströhlin, mit dem Hölderlin weitläufig verwandt war und der zu Neuffers republikanischen Freunden zählte, vermittelte Hölderlin im Herbst 1801 die Hofmeisterstelle in Bordeaux, wohin der Dichter, erneut den Weg über Stuttgart nehmend, zu Fuß im Dezember 1801 aufbrach. Als Hölderlin nur wenige Monate später in völlig desaströsem Zustand

von dort zurückkehrte und
sich Ende Juni/Anfang Juli 1802
wieder in Stuttgart in Landauers
Haus aufhielt, erreichte ihn hier
Sinclairs Brief mit der Nachricht
vom Tod Susette Gontards, die
ihn noch tiefer abstürzen ließ.
Die Stuttgarter Freunde, nament-
lich Friedrich Matthisson, waren
entsetzt über Hölderlins Zustand.

Noch ein letztes Mal, im Juni
1804, kam Hölderlin in Beglei-
tung Isaak von Sinclairs nach
Stuttgart: Sie kehrten im ehemaligen Hotel *Römischer Kaiser* ein,
das am Rotebühlplatz, gegenüber
der Einmündung der Königstraße

Das Geburtshaus des
Philosophen Hegel ist
außer Sonntag täglich
ab 10 Uhr geöffnet.

an der Ecke Marienstraße lag. Dort fand jenes gemeinsame
Abendessen mit politischen Freunden Sinclairs statt, das
den letzten Anstoß zu Sinclairs Denunziation, Verhaftung
und Auslieferung an Württemberg im Februar 1805 gab und
zugleich Hölderlin als Mitwisser in akute Bedrängnis und
Panik versetzte. Dank eines medizinischen Gutachtens, das
Hölderlin Wahnsinn attestierte, wurde er im sogenannten
Hochverratsprozess, in dem auch Landauer verhört wurde,
nicht belangt.

> …
> *Ich sei genaht, die Himmlischen zu schauen,*
> *Sie selbst, sie werfen mich tief unter die Lebenden*
> *Den falschen Priester, ins Dunkel, dass ich*
> *Das warnende Lied den Gelehrigen singe.*
> …
>
> *aus dem Stuttgarter Foliobuch*

Ab dem Rotebühlplatz fährt die Stadtbahn U 4 in den
Stuttgarter Westen, Endstation ist der Hölderlinplatz. Auf
Initiative von Anwohnern und Geschäftsleuten und im
Auftrag der Stadt wurde von Architekt Michael Trieb eine
Hölderlin-Säule entworfen und 2004 aufgestellt. Hölderlins
Handschrift, Zitate und Gedichte verweisen auf die beson-
dere Rolle, die Stuttgart mit dem Hölderlin-Archiv und der
Stuttgarter Ausgabe für Hölderlins Rezeption spielt.

...

Töricht treiben wir uns umher; wie die irrende Rebe,
Wenn ihr der Stab gebricht, woran zum Himmel sie aufwächst,
Breiten wir über dem Boden uns aus und suchen und wandern
Durch die Zonen der Erd, o Vater Äther, vergebens,
Denn es treibt uns die Lust, in deinen Gärten zu wohnen.

...

aus: An den Äther, letzte Fassung

DAS HÖLDERLIN-ARCHIV IN DER WÜRTTEMBERGISCHEN LANDESBIBLIOTHEK

Das Hölderlin-Archiv in der Württembergischen Landesbibliothek Stuttgart ist die zentrale Arbeitsstelle für die
internationale Forschung über den Dichter Friedrich Hölderlin. Die Sammlungen des Archivs umfassen – einschließlich dem Depositum aus Bad Homburg – über 80 % aller
bekannten Hölderlin-Handschriften, alle Erstdrucke der
Werke Hölderlins, zahlreiche Lebensdokumente, ferner
Werkausgaben und Übersetzungen in über 80 Sprachen,
dazu die erreichbare weltweit erscheinende Sekundärlite-
ratur mit dazugehörigen Rezensionen sowie ein umfangrei-
ches Pressearchiv. Des Weiteren enthält es zahlreiche Originale oder Reproduktionen von Bildnissen Hölderlins und
seiner Zeitgenossen ebenso wie Ansichten seiner Aufent-
haltsorte. Eine Fülle von Zeugnissen der Rezeption vor allem
in Literatur, Theater, Musik und bildender Kunst ergänzen
den Bestand.

Auf der Website des
Archivs finden sich
weitere Information
sowie der Zugang zu
IHB und zu Hölderlin
digital: http://www.
wlb-stuttgart.de/
sammlungen/
hoelderlin-archiv/

Auf der Grundlage dieser umfangreichen Sammlungen und ihrer vielschichtigen Dokumentation in einer laufend aktualisierten Bibliografie ist das Archiv in der Lage, rasch und kompetent Anfragen aus dem In- und Ausland zu beantworten bzw. Forscher aus aller Welt mit allen erforderlichen Hilfsmitteln zu betreuen.

Im Juni 1941 als Arbeitsstelle für die Stuttgarter Hölderlin-Ausgabe gegründet, blickt das Hölderlin-Archiv inzwischen auf eine 75-jährige Geschichte zurück. Durch den Nachlass Christoph Theodor Schwabs mit dem Großteil aller bekannten Hölderlin-Handschriften, der 1883 in die damalige Königliche Öffentliche Bibliothek kam, war die Landesbibliothek zum Zentrum der Hölderlin-Forschung geworden, sodass jene Arbeitsstelle folgerichtig hier eingerichtet wurde. Die Arbeiten an der Ausgabe und die damit verbundene Sammel- und Forschungstätigkeit des Archivs wurden kontinuierlich fortgesetzt, auch während des längeren Aufenthalts in Bebenhausen (1944–1970).
Die Stuttgarter Ausgabe erschien in einem Zeitraum von über 40 Jahren (1943–1985) in 15 Bänden.

Einen weiteren zentralen Schwerpunkt des Archivs bildeten von Anfang an auch die bibliografischen Arbeiten, als deren Ergebnis ab 1985 die Internationale Hölderlin-Bibliographie (IHB) erschien, die alle Schriften von und über Friedrich Hölderlin für die Zugangsjahre 1804–1996 nachweist. Anfang 2001 löste die IHB online die gedruckte IHB ab. Alle ab dem 1.1.1984 katalogisierten Neuerwerbungen sind hier dokumentiert. Heute umfasst sie weit über 40 000 Titeleinträge, und jährlich kommen etwa 1200 hinzu.
Zu den Projektschwerpunkten der letzten Jahre zählt die Digitalisierung aller Stuttgarter und Homburger Handschriften (2011/12). Sie sind über die Digitalen Sammlungen der WLB verfügbar. Diese enthalten seit 2011 auch die „Große Stuttgarter Ausgabe".

HAUPTWIL

»Ich glaube, es wird nun recht gut werden in der Welt.« Februar 1801

Noch immer liegt Hauptwil überschaubar-beschaulich zwischen den Hügeln des schweizerischen Kantons Thurgau südlich des Bodensees. Heute hat die Gemeinde ungefähr 1900 Einwohner, zu Hölderlins Zeit zählte der Ort 600 Einwohner.

Die Schweiz als Land der Freiheit hatte für Hölderlin einen hohen politischen Wert und er erhoffte sich viel von diesem Aufenthalt. In Hauptwil wurde er aber unerwartet mit religiösen und wirtschaftlichen Gegebenheiten konfrontiert, die seinen nur drei Monate währenden Aufenthalt bei der Familie Gonzenbach prägten und ihn zu der Äußerung bewogen, er habe „eine wenig glückliche Zeit" gehabt.

Am 15. Januar 1801 kam Hölderlin nach der überwiegend zu Fuß zurückgelegten Reise in Hauptwil an. Das Dorf war in seiner Gesamtheit geprägt von der Textilherstellung. Die Arbeitersiedlungen in Reihenbauweise zeugen noch heute vom damaligen Pragmatismus. Die Beschäftigten der Firma Gonzenbach schliefen und aßen im Erdgeschoss und im ersten Stock; im darunter liegenden Keller standen die Webstühle und die Färberkessel, an denen akkordähnlich gearbeitet wurde.

…

Aber weh! es wandelt in Nacht, es wohnt, wie im Orkus,
Ohne Göttliches unser Geschlecht. Ans eigene Treiben
Sind sie geschmiedet allein, und sich in der tosenden Werkstatt
Höret jeglicher nur und viel arbeiten die Wilden
Mit gewaltigem Arm, rastlos, doch immer und immer
Unfruchtbar, wie die Furien, bleibt die Mühe der Armen.

…

aus: Der Archipelagus, Juni 1800

Hölderlin wohnte vermutlich im sogenannten Schlössli
und unterrichtete die jüngeren Töchter der Familie im Kaufhaus. Dem aufgeklärt denkenden Gonzenbach stand im Ort
eine radikalpietistische Gemeinschaft gegenüber. Der weit
gefasste Gottesbegriff Hölderlins wurde von dieser Gruppie-
rung strikt abgelehnt, ebenso kritisch wurde der Unterricht
junger Mädchen durch einen Mann gesehen.

Auch die politische
Entwicklung der Schweiz
während der kurzen
Zeit seines Aufenthalts
wurde für Hölderlin zu
einer Enttäuschung. Die
basisdemokratischen
Landsgemeinden, in
denen jeder Mann unab-
hängig seines Standes eine
Stimme hatte, wurden

durch die von Napoleon aufgezwungene helvetische Verfassung abgeschafft. Der Frieden von Lunéville zwischen Frankreich, Österreich und dem Heiligen Römischen Reich Deutscher Nation war ein lang erwartetes positives Signal für Hölderlin. Er setzte große Hoffnungen in diese Veränderung der europäischen Situation. Nicht so sein Arbeitgeber. Gonzenbach entschied unerwartet, vielleicht wegen des lokalen religiösen Klimas, vielleicht wegen drohender Zahlungsprobleme, seinen Hauslehrer zu entlassen, sein Kündigungsbrief bezeugt aber Freundschaft und Respekt. Er schrieb am 11. April 1801 an Hölderlin: „Ich bedaure von Herzen, dass uns das Schicksal so bald wieder trennen soll, da aber die Wendungen desselben nicht in unserer Macht stehen, so hoffe ich, Sie werden mir diese Notwendigkeit nicht zurechnen, sondern mich auch in der Ferne mit der Fortdauer Ihrer schätzbaren Freundschaft beehren, sowie Ihnen die meinige lebenslänglich gewidmet bleiben wird."

Eine Inschrift über d[...] Tür des Schlössli zit[...] Hölderlin: *Nur in ga[...] Kraft ist ganze Liebe[...]*

So wenig Positives Hölderlin in Hauptwil politisch und gesellschaftlich erlebte, so viel gab ihm die Landschaft des Alpenvorlands und der Alpen selbst. Tief beeindruckt erwanderte er das Gebirge, das ihm in seiner Dichtung zum Wohnort des „Höchsten" wurde. So schrieb er an die Schwester Heinrike im Februar 1801: „... die große Natur in diesen Gegenden erhebt und befriedigt meine Seele wunderbar. Du würdest auch so betroffen, wie ich, vor diesen glänzenden, ewigen Gebirgen stehn, und wenn der Gott der Macht einen Thron hat auf der Erde, so ist es über diesen herrlichen Gipfeln." Hier arbeitete Hölderlin mit freien Rhythmen, entwarf und bearbeitete zahlreiche Gedichte, so zum Beispiel *Deutscher Gesang, Am Quell der Donau, Menons Klage um Diotima*. In Hauptwil entstand Hölderlins einzige sapphische Ode *Unter den Alpen gesungen*.

Unter den Alpen gesungen

Heilige Unschuld, du der Menschen und der
Götter liebste vertrauteste! du magst im
Hause oder draußen ihnen zu Füßen
          Sitzen, den Alten,

Immerzufriedner Weisheit voll; denn manches
Gute kennet der Mann, doch staunet er, dem
Wild gleich, oft zum Himmel, aber wie rein ist
          Reine, dir alles!

Siehe! das raue Tier des Feldes, gerne
Dient und trauet es dir, der stumme Wald spricht
Wie vor alters, seine Sprüche zu dir, es
          Lehren die Berge

Heil'ge Gesetze dich, und was noch jetzt uns
Vielerfahrenen offenbar der große
Vater werden heißt, du darfst es allein uns
          Helle verkünden.

So mit den Himmlischen allein zu sein, und
Geht vorüber das Licht, und Strom und Wind, und
Zeit eilt hin zum Ort, vor ihnen ein stetes
          Auge zu haben,

Seliger weiß und wünsch' ich nichts, so lange
Nicht auch mich, wie die Weide, fort die Flut nimmt,
Dass wohl aufgehoben, schlafend dahin ich
          Muss in den Wogen;

Aber es bleibt daheim gern, wer in treuem
Busen Göttliches hält, und frei will ich, so
Lang ich darf, euch all, ihr Sprachen des Himmels!
          Deuten und singen.

April 1801

BORDEAUX

»... bin indes in Frankreich gewesen ...« Dezember 1802

Etwa hundert Tage, nicht länger dauerte der Aufenthalt Hölderlins in Bordeaux zu Beginn des Jahres 1802. Am 28. Januar angekommen, setzte er seinem Vertrag ein jähes Ende und machte sich gegen Mitte Mai wieder auf den Weg zurück in die Heimat. Eine kurze Erfahrung also, aber eine, die in seinem Leben eine Zäsur markiert. Es gibt ein „Vorher" und ein „Nachher" seiner Reise nach Frankreich, denn seine Rückkehr nach Deutschland kennzeichnet den Anfang des Gleitens in seinen so genannten Wahnsinn.

Man weiß nicht viel vom Aufenthalt des Dichters, der als Hauslehrer und Privatprediger einer deutschen evangelischen Familie angestellt wurde. Seine Aufgabe wird sich wohl auf die Unterweisung der Kinder des deutschen Generalkonsuls Daniel Christoph Meyer aus Hamburg, einem Weinhändler und Reeder, beschränkt haben. Alles begann bestens für Hölderlin mit dieser neuen Stelle als Hauslehrer. Schon am Tag seiner Ankunft schrieb er seiner Mutter, er sei sehr gut empfangen worden, sei gut untergebracht und würde sich nun ganz und gar seiner Arbeit widmen. Der Konsul hatte ihm angekündigt „Sie werden glücklich sein" und der fast 32-jährige junge Mann war gern bereit, dies zu glauben. Noch am 16. April teilte er seiner Mutter seine Zufriedenheit mit: „Mir gehet es so wohl, als ich nur wünschen darf! Ich hoffe auch das, was meine Lage mir gibt, allmählich zu verdienen, und einmal, wenn ich in die Heimat wiederkomme, der wahrhaft vortrefflichen Menschen, denen ich hier verbunden bin, nicht ganz unwürdig zu sein."

Und dennoch, einen Monat später, am 10. Mai, ließ er sich von der Polizei einen Pass ausstellen, um die Rückreise anzutreten. Was war geschehen? Noch immer hält sich die Vermutung, er habe von der schweren Krankheit der Frau, die er liebte, Susette Gontard, erfahren. Das ist jedoch wenig wahrscheinlich und es scheint auch, dass er es auf seiner Rückreise nicht eilig hatte, da er die Brücke von Kehl über den Rhein erst am 7. Juni überquerte. Man vermutet, dass er über Paris zurückreiste und dort in dem von den Revolutionären eingerichteten Museum Louvre, dem ehemaligen Königsschloss, die Kunstausstellungen besichtigte.

Bordeaux ist heute die neuntgrößte Stadt Frankreichs mit etwa 250 000 Einwohnern in der Kernstadt, die dazu zählende Region hat etwa 720 000 Einwohner. Ihre Lage nahe am Atlantik war schon immer vorteilhaft für weit ausgreifenden Handel. Im Laufe der Jahrhunderte gab es drei Blütezeiten, die vor allem auf diese günstige Lage an Handels- und Verkehrsverbindungen zurückzuführen sind.

1802 hatte Bordeaux über 100 000 Einwohner und erlebte
einen wirtschaftlichen Aufschwung. Im 18. Jahrhundert war
sein Wohlstand begründet worden, aber die Französische
Revolution und die darauf folgenden jahrelangen politischen Unruhen und Kriege, vor allem mit England, aber
auch der Aufstand der Sklaven in Santo Domingo hatten
diese Dynamik beendet. Die Friedenspolitik Napoleons
begann 1802 Früchte zu
tragen: Der Frieden mit
England wurde im März
unterzeichnet und Konsul
Meyer sowie die bedeu-
tende und aktive deutsche
Kolonie von Bordeaux, die
etwa 500 Personen zählte,
waren wieder optimistisch
gestimmt.

Meyers wirtschaftlicher
und sozialer Erfolg hatte
ihm ermöglicht, im Jahr

Die Ufer der Garonne
in Bordeaux.

Das ehemalige Haus
des Konsuls Meyer,
Allées de Tourny.

1793 im kurz zuvor erbauten Viertel der *Alleen von Tourny* mit dem Haus Nr. 37 ein Café zu erwerben, das er vom Architekten Louis Combes vergrößern und aufstocken ließ, um dort mit seiner Familie zu wohnen. Ausgestattet mit einer Säulenhalle mit sechs Säulen, die eine Terrasse trugen, die aber inzwischen nicht mehr zugänglich ist, bildete seine Residenz das genaue Gegenstück zum majestätischen *Grand Théâtre* am anderen Ende der Allee, das von Victor Louis erbaut und 1780 eingeweiht wurde. Heute befinden sich dort Ladengeschäfte, am *Hôtel Meyer* erinnert eine Tafel an die Anwesenheit Hölderlins, der jedoch, wie es scheint, mit den anderen Bediensteten in einem Haus im alten Zentrum in der Rue Saint-Rémi wohnte.

Die Ufer der Garonne waren nicht weit entfernt, ebenso das Handelsquartier der *Chartrons*, das zur damaligen Zeit der Sitz des Handelshafens war. Gegenüber lagen die großen Schiffe vor Anker und an Tauen. Diese *Ville de pierre*, Stadt aus Stein, die in ihrer historischen Struktur erhalten ist, wurde 2007 Weltkulturerbe der UNESCO.

Wie viele andere angesehene Persönlichkeiten der Zeit besaß Daniel Christoph Meyer ein „Maison de campagne", ein Landhaus, eigentlich ein kleines Schloss, in Blanquefort, etwa zehn Kilometer nördlich von Bordeaux. Dieser Wohnsitz im neo-klassizistischen Stil, in den 1780er-Jahren erbaut, war von einem Park, Landschaftsgärten, Obst- und Weingärten umgeben. Dieses Landgut, später „Fongravey" genannt, gehört heute der Gemeinde Blanquefort; der Park ist öffentlich zugänglich, das Schloss kann aber nicht besichtigt werden.

Landhaus gravey, in dem Jerlin sehr rscheinlich die egenheit hatte, in Gesellschaft Konsuls und seiner ilie dort aufzu- en.

Es gibt wenige Texte Hölderlins, die eindeutig auf Bordeaux und die Region hinweisen. Das Gedicht *Andenken* jedoch enthält viele Anspielungen an die Landschaft der Garonne. Dieser Text, vielleicht im Jahr 1803 geschrieben, bestimmt aber zwischen 1803 und 1805, also nach seiner Rückkehr in die Heimat, erinnert an die Stadt in ihrer alten Schreibweise „Bourdeaux". Zahlreiche Studien und Interpretationen haben versucht, den Sinn des Gedichts zu erhellen, das mit der berühmten Zeile endet: „Was bleibet aber, stiften die Dichter."

Andenken

Der Nordost wehet,
Der liebste unter den Winden
Mir, weil er feurigen Geist
Und gute Fahrt verheißet den Schiffern.
Geh aber nun und grüße
Die schöne Garonne,
Und die Gärten von Bourdeaux
Dort, wo am scharfen Ufer
Hingehet der Steg und in den Strom
Tief fällt der Bach, darüber aber
Hinschauet ein edel Paar
Von Eichen und Silberpappeln;

Noch denket das mir wohl und wie
Die breiten Gipfel neiget
Der Ulmwald, über die Mühl',
Im Hofe aber wächset ein Feigenbaum.
An Feiertagen gehn
Die braunen Frauen daselbst
Auf seidnen Boden,
Zur Märzenzeit,
Wenn gleich ist Nacht und Tag,
Und über langsamen Stegen,
Von goldenen Träumen schwer,
Einwiegende Lüfte ziehen.

Es reiche aber,
Des dunkeln Lichtes voll,
Mir einer den duftenden Becher,
Damit ich ruhen möge; denn süß
Wär' unter Schatten der Schlummer.
Nicht ist es gut,
Seellos von sterblichen
Gedanken zu sein. Doch gut
Ist ein Gespräch und zu sagen
Des Herzens Meinung, zu hören viel
Von Tagen der Lieb',
Und Taten, welche geschehen.

Wo aber sind die Freunde? Bellarmin
Mit dem Gefährten? Mancher
Trägt Scheue, an die Quelle zu gehn;
Es beginnst nämlich der Reichtum
Im Meere. Sie,
Wie Maler, bringen zusammen
Das Schöne der Erd' und verschmähn
Den geflügelten Krieg nicht, und
Zu wohnen einsam, jahrlang, unter
Dem entlaubten Mast, wo nicht die Nacht durchglänzen
Die Feiertage der Stadt,
Und Saitenspiel und eingeborener Tanz nicht.

Nun aber sind zu Indiern
Die Männer gegangen,
Dort an der luftigen Spitz'
An Traubenbergen, wo herab
Die Dordogne kommt,
Und zusammen mit der prächt'gen
Garonne meerbreit
Ausgehet der Strom. Es nehmet aber
Und gibt Gedächtnis die See,
Und die Lieb' auch heftet fleißig die Augen,
Was bleibet aber, stiften die Dichter.

Der Ort, der der Erinnerung an und dem Nachdenken über Hölderlin immer wieder neue Nahrung gibt, steht ziemlich sicher fest: Es ist der Hügel, der am rechten Ufer der Garonne in Lormont liegt, gegenüber den nördlichen Stadtteilen von Bordeaux. Von dort aus konnte der Dichter gleichzeitig die Stadt und die umgebenden Gärten betrachten und in der Ferne den Zusammenfluss der „schönen Garonne" und der Dordogne, woraus die Gironde entsteht. An deren Trichtermündung zogen die Seeschiffe vorbei, auf ihrem Weg zu weit entfernten Bestimmungsorten wie zum Beispiel den Antillen.

Über diese geografische Bestimmung hinaus birgt der kurze Aufenthalt Hölderlins in Bordeaux ein großes Geheimnis. Um die Erinnerung an die Erfahrungen des großen deutschen Dichters in Bordeaux zu erhalten, die zugleich rätselhaft und wesentlich waren, gab und gibt es immer wieder ein beachtenswertes Engagement. Dazu zählen die Theaterstücke der Gruppe 33 von 1976 und 1995, die Veröffentlichung von Werken wie die des Verlegers William Blake und Co, oder besonders die Realisierung eines Films im Jahr 2015, *Killalusimeno*, als Auftrag der Bordeaux Métropole an den Regisseur Simohammed Fettaka.

Die Landschaft, die Hölderlin in seinem Gedicht beschreibt, ist immer noch direkt erfahrbar.

BIOGRAFIE

»Ein Sohn der Erde schein ich;
zu lieben gemacht, zu leiden.«

aus: *Die Heimat.* Zweite Fassung, Mai 1801

FRIEDRICH HÖLDERLIN
20. MÄRZ 1770 – 7. JUNI 1843

Johann Christian Friedrich Hölderlin wurde am 20. März
1770 in Lauffen am Neckar als Sohn wohlhabender und
frommer Eltern geboren. Sie gehörten zur bestimmenden
Oberschicht im Herzogtum Württemberg. Diese auch
„schwäbische Ehrbarkeit" genannten gebildeten Kreise
stellten meist Beamte und Pfarrer. Sein Vater war Kloster-
gutsverwalter, seine Mutter eine Pfarrerstochter. Schon
als er zwei war starb sein Vater, seine Mutter heiratete
aber bald wieder, und zwar Johann Christoph Gock, Weinhändler und später auch Bürgermeister in Nürtingen. Die
Familie bezog den Schweizerhof, das heutige Hölderlinhaus. Außer Friedrich und seiner Schwester Heinrike aus
erster Ehe überlebte von den insgesamt sieben Kindern
nur sein Halbbruder Karl Gock. Doch auch das Glück in
der zweiten Ehe dauerte nur kurz: Als Hölderlin neun war,
starb der geliebte Stiefvater.

Die Mutter konnte sich nichts anderes vorstellen, als dass
ihr ältester Sohn Pfarrer würde, und so besuchte Hölderlin
von 1775 an die Lateinschule in Nürtingen. Die letzten zwei
Schuljahre war Friedrich Schelling sein Mitschüler. Nach
der Konfirmation 1784 in der Stadtkirche St. Laurentius
waren die nächsten Stationen seiner schulischen Laufbahn
die evangelischen Klosterschulen in Denkendorf (niedercs
Seminar) und Maulbronn (höheres Seminar).

In diesen jeweils zwei Jahre dauernden Aufenthalten war es
selbstverständlich, dass die Vakanzen zu Hause verbracht
wurden.

Während des Studiums (1788–1793) an der Universität
Tübingen bewohnte er im Evangelischen Stift mit Hegel
und Schelling ein Zimmer. Die drei Stubengenossen beein-
flussten sich gegenseitig stark. *Das älteste Systemprogramm
des deutschen Idealismus* ist das bekannteste Beispiel dafür;
bis heute kann die Wissenschaft noch nicht endgültig die
tatsächliche Autorschaft dieses kurzen Textes bestimmen.
Nach Abschluss des Studiums und weil er auf keinen Fall
Pfarrer werden wollte, musste Hölderlin den Berufsweg
wählen, der ihm bei seiner Ausbildung noch offen stand,
andernfalls hätte er die Stipendien zurückzahlen müssen.
Er wurde als Hofmeister, also Hauslehrer für Kinder reicher
Familien tätig. Seine erste Stelle war bei Charlotte von Kalb

in Waltershausen, einer einflussreichen Freundin Friedrich Schillers. Das ging jedoch nicht lange gut, da sein Schüler Fritz von Kalb sehr schwierig war.

1794/95 wohnte er in Jena, um dort an der Universität unter anderem Vorlesungen des berühmten Philosophen Fichte zu hören; er begegnete während dieses Aufenthaltes wichtigen Persönlichkeiten, darunter Goethe, Novalis und Schiller. Während Schiller den jungen schwäbischen Landsmann förderte, gelang es Hölderlin nicht, Goethe für sich zu gewinnen, im Gegenteil, Goethe mochte ihn nicht. Im Juni 1795 verließ Hölderlin die Universitätsstadt fluchtartig und kehrte nach Nürtingen zurück.

Anfang 1796 nahm er eine Stelle als Hauslehrer bei Jakob Gontard, einem Frankfurter Bankier, an. Die Hausherrin, Susette, wurde seine große Liebe. Sie ist das Vorbild für die Diotima in Hölderlins Gedichten und in seinem Briefroman *Hyperion*. Als Gontard von der Liebe seiner Frau zu dem Erzieher ihres Sohnes erfuhr, musste Hölderlin das Haus des Bankiers umgehend verlassen. Er fand Zuflucht bei seinem Freund Isaak von Sinclair in Homburg. Von hier aus konnten er und Susette sich noch einige Zeit heimlich treffen und Briefe austauschen, deshalb blieb er länger, als seine eigenen finanziellen Mittel es zuließen; wiederholt musste er seine Mutter um Geld bitten.

Im Juni 1800 kam er wieder heim nach Nürtingen. Er blieb dann für einige Zeit bei seinem Freund Landauer in Stuttgart, und im Januar 1801 nahm er eine weitere Stelle als Hauslehrer in der Schweiz an. Von Hauptwil kehrte er drei Monate später wieder nach Nürtingen zurück, da er eine Chance sah, seine Gedichte zu veröffentlichen. Das gelang ihm nicht, und schon Anfang 1802 reiste er zu Fuß nach Bordeaux, um dort die Kinder eines reichen deutschen Weinhändlers zu unterrichten. Niemand weiß, warum er nach wenigen Monaten diese Anstellung wieder aufgab und überstürzt die Rückreise antrat. In seinem Pass ist die Über-

querung der Rheinbrücke bei
Kehl am 7. Juni 1802 vermerkt.
Er kam in Stuttgart aber erst
Ende des Monats an und war
laut Zeugenaussagen in einem
verwahrlosten und verwirrten
Zustand. Hier muss ihn spätes-
tens auch die Nachricht vom
Tod Susette Gontards erreicht
haben. Seine Diotima war
in dieser Zeit in Frankfurt
an den Röteln verstorben.
Hölderlin blieb für längere
Zeit in Nürtingen; Mutter und
Schwester nahmen den offen-
sichtlich Kranken in ihrem
Haushalt im Breunlinschen
Haus, heute Kirchstraße 17,
auf.

Bleistiftzeichnung
von Johann Georg
Schreiner und Rudol
Lohbauer, 27. Juli 18

Während seiner längeren Aufenthalte in Nürtingen schrieb
Hölderlin wichtige Werke. Nach Hauptwil arbeitete er 1801
hier vor allem an Elegien. Nach der Frankreichreise sind
in Nürtingen von 1802 bis 1804 in einer äußerst produktiven Phase bedeutende *Vaterländische Gesänge*, *Hymnische
Entwürfe* sowie die *Nachtgesänge* – einschließlich des wohl
bekanntesten Gedichts *Hälfte des Lebens* – entstanden. Hinzu
kamen die Sophokles-Übersetzungen sowie die theoreti-
schen Schriften zur Tragödie. In diese Zeitspanne fiel auch
die Anlage des sogenannten Homburger Folioheftes im
Spätherbst 1802.

Obwohl Hölderlins Mutter ihn nicht gehen lassen wollte,
verschaffte sein Freund Isaak von Sinclair ihm 1804 eine
Stelle als Hofbibliothekar in Homburg; das Gehalt zahlte
Sinclair aus eigener Tasche. In Homburg wurde Sinclair
Anfang 1805 auf Betreiben des Kurfürsten Friedrich II. von

Württemberg verhaftet, und ein Hochverratsprozess wegen falscher politischer Einstellungen wurde gegen ihn und andere angestrengt, der letztendlich ergebnislos verlief. Das Gutachten eines Homburger Arztes bescheinigte dem württembergischen Untertanen Hölderlin, dass er krank und zerrüttet sei. So wurden die Ermittlungen gegen ihn schnell eingestellt und Hölderlin konnte nicht an Württemberg ausgeliefert werden. Mitte 1806 bat Sinclair Hölderlins Mutter, ihren Sohn abholen zu lassen, da dessen Gesundheitszustand bedenklich sei und er nicht mehr für ihn sorgen könne. Man versuchte, Hölderlin dann im September zuerst unter dem Vorwand, Bücher für die Bibliothek zu besorgen, von Homburg wegzubringen. Nachdem er sich aber wehrte, brachte man ihn schließlich mit Gewalt von Homburg nach Tübingen in das Autenriethsche Klinikum. Man hielt Hölderlin für wahnsinnig; die genaue medizinische Bestimmung seiner geistigen „Verrückung" war immer äußerst umstritten, und die Frage, woran er nun genau litt, kann auch heute noch nicht geklärt werden.

Hölderlin galt nun als unheilbar krank, und die Ärzte gaben ihm nur noch wenige Lebensjahre. So kam er 1807 zur Pflege in den Haushalt Ernst Zimmers. Der Tübinger Schreinermeister bewunderte Hölderlins *Hyperion* so sehr, dass er es nicht hinnehmen wollte, einen so großen Dichter einfach in seiner Krankheit allein zu lassen. Er nahm Hölderlin also in sein Haus auf. In den folgenden 36 Jahren wohnte der Kranke im Haus des Schreiners in einer Turmstube im sogenannten Hölderlinturm mit wunderschönem Ausblick auf den Neckar. Bis zu seinem Tod am 7. Juni 1843 versorgte und pflegte ihn die Familie Zimmer.

Gut ist es, an andern sich
Zu halten. Denn keiner trägt das Leben allein.

aus: Die Titanen, 1803

Veröffentlichungen zu Lebzeiten (Auswahl)

Friedrich Hölderlin konnte seit 1792, bereits während seines Studiums, Gedichte in Jahrbüchern, Monatsschriften und Journalen veröffentlichen. Die wichtigsten Veröffentlichungen waren in Friedrich Schillers Zeitschriften *Horen* und *Thalia*. Insbesondere das 1793 erschiene *Fragment von Hyperion* erhielt allgemeine Beachtung.

Der erste Band seines Romans *Hyperion oder der Eremit in Griechenland* erschien 1797 und der zweite Band 1799 in der J. G Cotta´sche Buchhandlung, Tübingen.

In den folgenden Jahren gab es weitere Veröffentlichungen von Gedichten. Mit dem Gedicht-zyklus *Nachtgesänge*, erschienen 1804 bei Wilmans, Frankfurt am Main, redigierte Hölderlin ein letztes Mal eigene Gedichte. Im selben Verlag wurden 1805 die Trauerspiele des Sophokles herausgegeben, übersetzt von Friedrich Hölderlin: Erster Band, *Oedipus der Tyrann*, Zweiter Band, *Antigonae*.

Weitere Veröffentlichungen von Gedichten in Zeitschriften und Anthologien erfolgten auch nach seiner Unterbringung im Tübinger Turm.

1822 erschien die 2. Auflage des *Hyperion* und 1826 veröffentlichten Ludwig Uhland und Gustav Schwab *Gedichte von Friedrich Hölderlin*, die erste Sammlung seiner Werke.

Literaturhinweise (Auswahl)

Friedrich Hölderlins Werk ist, neben den Veröffentlichungen zu Lebzeiten, in weiten Teilen in Entwürfen, Zwischenstufen und Varianten überliefert, die in zwei großen, mehrbändigen Ausgaben wissenschaftlich aufbereitet wurden:

Hölderlin. Sämtliche Werke. Große Stuttgarter Ausgabe. Herausgegeben von Friedrich Beißner, Stuttgart 1943–1985

Friedrich Hölderlin. Sämtliche Werke. Frankfurter Ausgabe. Herausgegeben von D. E. Sattler, Frankfurt am Main 1975–2008

Einen kompakten Überblick über sein Werk bieten:

Friedrich Hölderlin. Sämtliche Werke und Briefe. Herausgegeben von Michael Knaupp, München 1992

Friedrich Hölderlin. Sämtliche Werke und Briefe. Herausgegeben von Jochen Schmidt, Frankfurt am Main 1992

pressum

usgeberinnen, Text- und Bildredaktion:

:d Dolde und Eva Ehrenfeld

rinnen / Autoren:

lexandra Birkert	Stuttgart
er Caudron	Bordeaux
Dr. Sabine Doering	Hölderlin-Gesellschaft
d Dolde	Nürtingen, Denkendorf
tin Ehlers	Maulbronn
Ehrenfeld	Lauffen, Waltershausen,
	Hauptwil, Jena
örg Ennen	Hölderlin-Archiv
ʿeter Kracht	Driburg
ıe Noack	Tübingen
oachim Seng	Frankfurt
ʌatthias Setzer	Homburg

iografische Information der Deutschen Nationalbibliothek.
Deutsche Nationalbibliothek verzeichnet diese Publika-
in der Deutschen Nationalbibliografie;
aillierte bibliografische Daten sind im Internet über http://
.dnb.de abrufbar.

2019 by Chr. Belser Gesellschaft für Verlagsgeschäfte
bH & Co. KG, Stuttgart.
2 Rechte vorbehalten.

jektleitung und Verlagsredaktion: Dirk Zimmermann
ʃamtherstellung: Print Consult, München

ʃw.belser.de

ʀN: 978-3-7630-2837-5

Bildnachweis

Titelabbildung: shutterstock/Daniel Harwardt

Fotografen
Olivier Caudron 110, Gemeinde Denkendorf 36, 37, die
arge Lola © Stadtmuseum Stuttgart 96, Ingrid Dolde 19,
28,32,33,35,38, Elzbieta Dybowska 89, Toni Echter 46, 47, 54,
56, 57, Martin Ehlers 41, Eva Ehrenfeld, 48, 55, 58, 65, 66, 67,
68, 71, 92, David Franck 45, Jonathan Friebel 100, 101, 102,
Markus Friedrich 42, 44, Claudia Fy 8, 12, © Gerritsen Design
16, 17, 18, 19, 20, 21, 22, 26, 30, Günter Gaida 11, 40, 90,
93, Gräflicher Park 78, 80, 81, shutterstock/Daniel Harwardt
56, Gerd Kittel 82, 83, 86, 88, Valérie Lawitschka 60, Claudia
List 49, 55, Bernd Mayer 87, Andrea Nuding 97, Benjamin
Regnier © Mairie de Bordeaux 104, 106, Thomas Schneider 34,
Götz Schwarzkopf 10, 13, © Ville de Blanquefort 107, Stefanie
Wetzel 83, WLB Stuttgart Hölderlin-Archiv 2016, 98, Rainer
Kwiotek, Speisesaal Stift, 51,

Archive und Institutionen
DLA Marbach D20160920-001, Julius Nagel, Der Klosterhof
in Lauffen, Bleistiftzeichnung, um 1840, 12; DLA Marbach,
D20020617-2, Franz Karl Hiemer, Friedrich Hölderlin, Pastell, 24;
DLA Marbach D20100622-102, Immanuel Nast, Hölderlin in
seinem 18ten Jahr, Bleistiftzeichnung, 1788, 44; DLA Marbach
C20040913-7, Der junge Hölderlin, getönte Bleistiftzeichnung,
112; DLA Marbach C20040913, Johann Georg Schreiner und
Rudolf Lohbauer, Friedrich Hölderlin, Bleistiftzeichnung, 1823,
114; Liebieghaus Skulpturensammlung, Frankfurt (Ohmacht,
Landolin: Büste der Susette Gontard, Alabaster, 1795), Foto:
© Liebieghaus Skulpturensammlung – ARTOTHEK , 73; HMF.
C07086, Meyer, Johann Georg, Ansicht des Adlerflychthofs
vom Öderweg her (Gouache), Frankfurt am Main, 1779, 75;
WLB Stuttgart, Hölderlin-Archiv, Cod.poet.et.phil. fol.63,V b 3,
Hölderlin, 1786, kolorierte Bleistiftzeichnung, 112; WLB Stutt-
gart, Graphische Sammlungen, Schef. qt. 8425S.9, Gymnasium
illustre, 91; WLB Stuttgart, Hölderlin-Archiv, Friedrich Hölderlin:
Der Mensch, Cod.poet.et.phil.oct.91, 118; Friedrich Hölderlin:
Ermunterung, Stadt Bad Homburg v.d.Höhe, Depositum der
WLB Stuttgart, Hölderlin-Archiv, Homburg. H,25, 2; Beletage
Bestandsplan, Stadtarchiv Nürtingen, SR Beilagen zur Spital-
rechnung 1811/12, Nr. 426, 23; Shutterstock, George Burba,
Jena bei Nacht, 64; Shutterstock, katjen, Frankfurt Skyline, 70;
Shutterstock, Kiev. Victor, Gutenberg-Denkmal, 76

Der Mensch

Nur Du bist sch...

Er fühlt sich so...

Mer...

Er theil den...

Er heil ... solchen...

mit tragen...

DIE HERAUSGEBERINNEN

Ingrid Dolde, Linguistin M. A. Schulzeit in Nürtingen, anschließend Studium der Germanistik und Geografie in Stuttgart und Tübingen. Sie ist verheiratet, hat vier Kinder und lebt in Großbettlingen. Als Vorstand des 2007 gegründeten Vereins Hölderlin-Nürtingen ist sie verantwortlich für Konzeption und Organisation von Veranstaltungen und Aktivitäten, die im Zusammenhang mit dem dichterischen Werk Friedrich Hölderlins stehen und vor allem seinem kulturellen Erbe in Nürtingen verpflichtet sind.

Eva Ehrenfeld ist Geschäftsführerin der Hölderlin-Gesellschaft und als Vertreterin des Schriftstellerverbands im Rundfunkrat des SWR. Sie leitet literarische Seminare und Veranstaltungen und ist als Kuratorin von Ausstellungen sowie als Büchereileiterin tätig. Durch die Mitarbeit an der Neugestaltung des Hölderlinhauses in Lauffen und des Hölderlinturms in Tübingen gibt es mittlerweile „keinen Tag mehr ohne Hölderlin". Sie ist verheiratet, hat vier erwachsene Kinder und lebt in Lauffen am Neckar und in Tübingen.